놀라운 코코넛 요리책

코코넛 애호가를 위한 100 가지 맛있고 영양가 있는 요리법 단맛에서
풍미까지, 요리에서 코코넛의 다재다능함을 탐구하십시오

동하 설

목차

메인 코스　187

음료수　220

소개

코코넛의 맛과 영양상의 이점을 좋아한다면 놀라운 코코넛 요리책은 요리 수준을 높일 수 있는 완벽한 안내서입니다. 100 가지의 맛있고 영양가 있는 레시피를 제공하는 이 요리책은 달콤한 것부터 풍미 있는 것까지 다양한 요리를 제공합니다.

코코넛 카레 치킨에서 코코넛 새우, 코코넛 마카롱에 이르기까지 각 레시피는 독특하고 다양한 코코넛 맛을 보여줍니다. 코코넛은 맛있을 뿐만 아니라 건강한 지방, 섬유질, 산화 방지제의 훌륭한 공급원이기도 하므로 이러한 레시피는 맛있을 뿐만 아니라 몸에도 좋습니다.

놀라운 코코넛 요리책 에는 코코넛의 영양적 이점에 대한 정보뿐만 아니라 코코넛 구매, 보관 및 준비에 대한 정보도 포함되어 있습니다. 아름다운 풀 컬러 사진과 따라하기 쉬운 지침이 포함된 이 요리책은 숙련된 요리사와 초보자 모두에게 적합합니다.

식단에 코코넛을 더 추가하고 싶든 단순히 맛을 좋아하든 놀라운 코코넛 요리책 에는 맛있고 영양가 있는 코코넛 기반 요리를 만드는 데 필요한 모든 것이 있습니다.

아침

1. 퀴노아 브랙퍼스트 죽

만든다: 4

재료:
- 퀴노아 죽
- 퀴노아 1 컵, 헹구고 물기 제거
- 메이플 시럽 2 큰술
- 무가당 코코넛 밀크 400ml
- 바닐라 추출물 $\frac{1}{2}$ 티스푼
- 물 $\frac{1}{4}$ 컵
- 소금 $\frac{1}{4}$ 티스푼
- 토핑
- 무가당 코코넛 플레이크 $\frac{1}{2}$ 컵
- 퀴노아 크런치 1 컵
- 신선한 민트 10 잎
- 신선한 과일 1 컵
- 메이플 시럽

지침:

a) 뚜껑이 있는 중간 냄비에 퀴노아, 메이플 시럽, 코코넛 밀크, 바닐라 추출물, 물, 소금을 섞습니다.

b) 중불에서 끓이다가 약불로 줄이고 뚜껑을 덮는다.

c) 18-20 분 동안 또는 대부분의 액체가 흡수될 때까지 요리합니다. 조리가 끝나면 카운터에 최소 10 분 동안 그대로 두십시오. 포크를 사용하여 덩어리를 제거하고 알갱이를 부수지 않고 분리하기 위해 서빙하기 전에 혼합물을 보풀이 일으십시오.

d) 서빙할 준비가 되면 원하는 서빙 횟수에 따라 퀴노아를 아침 식사 그릇에 나눕니다.

e) 원하는 경우 퀴노아 크런치, 신선한 과일, 코코넛 플레이크 또는 신선한 민트로 장식합니다. 마지막으로 옆에 메이플 시럽을 뿌립니다.

2. 야생 블루베리 팬케이크

만든다: 2

재료:

- 야생 블루베리 1 컵
- 아몬드 가루 1 컵
- 아마씨 가루 2 작은술
- 베이킹 파우더 1 티스푼
- 식물성 우유 1 컵
- 메이플 시럽 2 큰술
- 사과 사이다 식초 1 티스푼
- 요리용 야채 육수 2 ½ 큰술
- 소금 1 꼬집
- 야채 국물
- 뿌릴 코코넛 설탕

지침:

a) 아몬드 가루, 아마씨, 베이킹 파우더, 설탕, 소금을 믹싱볼에 넣고 섞습니다.

b) 반죽이 부드러워질 때까지 야채 육수, 물, 사과 사이다 식초를 섞습니다.

c) 특히 야생 블루베리를 따는 경우 베리를 철저히 씻으십시오.

d) 프라이팬이나 프라이팬에 야채 국물 2 ½큰술을 중불로 가열합니다. 팬케이크를 넣기 전에 팬이 뜨거워질 때까지 참을성 있게 기다리십시오.

e) 팬에 반죽을 한숟갈 떠 넣고 중불에서 익혀주세요.

f) 표면에 거품이 생기지 않고 더 이상 크림 같은 액체 질감이 없을 때 팬케이크를 뒤집습니다.

g) 팬에서 팬케이크를 꺼내기 전에 최소 1-2 분 더 익힙니다.

h) 모든 배터가 사용될 때까지 계속하고 새로운 팬케이크 배치가 요리될 때마다 소량의 야채 국물을 팬에 추가합니다.

i) 메이플 시럽이나 코코넛 설탕을 뿌립니다.

j) 익힌 것과 익지 않은 신선한 베리를 접시에 담습니다. 이것은 풍미 프로필을 더욱 확장합니다.

3. 그레인프리 애플파이 그래놀라

만든다: 2

재료:
- 다진 말린 사과 ¼컵
- 잣 ¼컵
- 다진 호두 ¼컵
- 다진 피칸 ¼컵
- 야채 육수 4 큰술
- ½ 컵 가당 코코넛 조각
- 잘게 썬 아몬드 ½컵
- ¼타스푼 간 정향
- 계피 가루 1 타스푼
- 육두구 가루 ¼타스푼
- 메이플 시럽 2 큰술
- 바닐라 익스트랙 1 타스푼

지침:
오븐을 350 °F 로 예열하세요.

큰 프라이팬에 야채 국물을 중불로 데웁니다.

다음 재료를 저어주세요:,. 야채 국물이 골고루 묻을 때까지 버무린 다음 다진 사과를 넣습니다.

혼합물을 15 x 10 x 1 인치 호일 안감 팬에 넣습니다. 황금빛 갈색이 될 때까지 계속 저으면서 12-15 분 동안 굽습니다.

10 분 동안 식히십시오. 서빙하기 전에 조각으로 나눕니다.

4. 블랙베리가 들어간 레몬 크림

4 인분

재료:

- 8 시간 동안 물에 불린 캐슈넛 1 컵, 헹구고 물기를 뺍니다.
- 갓 다진 코코넛 1 컵
- 레몬 3 개의 제스트
- 물 1 컵
- 잘 익은 블랙베리 4 컵

지침:

a)   캐슈, 코코넛, 레몬 주스, 레몬 제스트, 물을 푸드 프로세서에 넣고 크림처럼 부드러워질 때까지 혼합합니다.

b)   밀봉 가능한 용기에 레몬 커드를 붓습니다.

c)   제공할 준비가 될 때까지 냉장고에 두부를 덮으십시오.

d)   쿠아르크를 그릇에 붓고 블랙베리로 장식합니다.

5. 아마레또 코코넛 빵

만들다: 1 덩어리

재료:
- 두부 4 온스
- 설탕 1 컵
- 아마레또 $\frac{1}{4}$ 컵
- 코코넛 밀크 14 액량온스
- 밀가루 $2\frac{1}{2}$ 컵
- 소금 $\frac{1}{2}$ 작은술
- 베이킹파우더 1 큰술
- 무가당 코코넛 플레이크 1 컵

지침:
a) 오븐을 350F 로 예열합니다. 9" x 5" x 3" 식빵 팬에 기름을 바릅니다.

b) 두부와 설탕을 전기 믹서로 완전히 섞거나 큰 믹싱 볼에서 원하는 도구로 함께 으깨십시오. :-)

c) 아마레또와 코코넛 밀크를 두부에 넣고 잘 섞일 때까지 섞습니다.

d) 그 동안 밀가루, 소금, 베이킹파우더를 함께 체로 치세요. 코코넛 플레이크를 넣은 다음 액체 혼합물에 마른 재료를 넣고 잘 섞습니다.

e) 반죽을 준비된 덩어리 팬에 숟가락으로 떠 넣습니다. 약 50 분 동안 굽습니다.

f) 팬에서 꺼내기 전에 약간 식히십시오.

6. 아침식사로 뮤즐리

분량 1 인분

재료:

- 생 견과류 3/4 컵
- 물에 담가 씨를 제거한 중간 대추 10 개
- 신선한 과일 1 컵, 바람직하게는 망고, 딸기 또는 바나나
- 신선한 생 코코넛 강판에 간 것 1 큰술
- 견과류 우유, 맛

지침:

a) 푸드 프로세서를 사용하여 견과류가 거의 곱게 갈릴 때까지 견과류와 대추를 함께 가공합니다.

b) 그릇에 신선한 과일과 코코넛 플레이크를 섞습니다.

c) 견과 우유를 가진 풍미.

7. 밀키 핫 초콜릿

3 인분을 만듭니다.

재료:

- 따뜻한 물 2 $\frac{1}{2}$ 컵
- 캐롭 가루 $\frac{1}{4}$컵
- 루쿠마 가루 $\frac{1}{4}$컵
- 코코아 버터 작은 스틱 1 개
- 코코넛 꽃 설탕 2 작은술
- 캐슈넛 2 티스푼 또는 너트 버터 2 티스푼

지침:

a) 따뜻하고 부드러워 질 때까지 모든 것을 높이 혼합하십시오.

b) 따뜻한 컵에 서빙하십시오.

8. 칠리 핫 초콜릿

4 인분을 만듭니다.

재료:

- 따뜻한 물 3 컵
- 캐슈 1 컵
- 꿀 또는 원하는 감미료 $\frac{1}{2}$ 컵
- 코코아 가루 $\frac{1}{4}$ 컵
- 코코아 버터 또는 코코넛 오일 작은 스틱 1 개
- 소금 1 꼬집
- 칠리 맛

지침:

a)   약 1 분 동안 모든 재료를 높은 온도에서 섞은 후 예열된 컵에 담습니다.

스낵과 디저트

9. 초콜릿 코코넛 바람개비

만들다: 48 인분

재료:

- 부드러워진 스틱 버터 1 개
- 설탕 1 컵
- 계란 1 개
- 바닐라 익스트랙 1 티스푼
- 박력분 2 컵
- 베이킹 소다 $\frac{1}{2}$ 작은술
- 소금 $\frac{1}{2}$ 작은술
- 녹인 무가당 베이킹 초콜릿 사각형 2 온스
- 코코넛 플레이크 $\frac{3}{4}$ 컵

지침:

a) 중간 그릇에 버터와 설탕을 전기 믹서로 중간 속도로 가볍고 푹신해질 때까지 휘젓습니다.

b) 계란과 바닐라를 치십시오. 베이킹 소다와 소금을 섞은 박력분을 넣고 잘 섞일 때까지 치십시오.

c) 2 개의 그릇에 반죽을 반으로 나눕니다.

d) 녹은 초콜릿을 한 그릇의 반죽에 넣고 다른 그릇의 반죽에 코코넛을 섞습니다.

e) 각 그릇을 플라스틱 랩으로 덮고 최소 1 시간 동안 또는 단단해질 때까지 냉장 보관합니다.

f) 초콜릿 반죽을 공 모양으로 모아 왁스 종이 조각 사이에 놓고 8 x 12 인치 직사각형으로 굴립니다. 코코넛 반죽으로 반복하십시오.

g) 하나의 직사각형을 다른 직사각형 위에 놓고 긴 쪽에서 위로 말아 12 인치 롤로 만듭니다.

h) 왁스 종이에 싸서 약 30 분 동안 또는 단단해질 때까지 냉장 보관합니다.

i) 오븐을 350 도로 예열합니다. 날카로운 칼을 사용하여 반죽을 $\frac{1}{4}$ 인치 조각으로 자릅니다. 기름칠하지 않은 베이킹 시트에 약 3 인치 간격으로 놓습니다.

j) 살짝 갈색이 될 때까지 8~10 분간 굽습니다. 쿠키를 2 분 동안 식힌 다음 랙에 옮겨 완전히 식힙니다.

10. 코코넛 판나코타

분량: 6 인분

재료:

코코넛 판나 코타:

- 무향 젤라틴 가루 1 큰술
- 물 1 큰술
- 무가당 코코넛 밀크 통조림 $2\frac{1}{4}$ 컵
- 무가당 코코넛 크림 통조림 $\frac{3}{4}$컵
- 알갱이 설탕 $\frac{1}{4}$컵

추가 토핑:

- 골든 키위
- 그린 키위
- 망고

지침:

a) 라미킨이나 그릇에 코코넛 오일을 바릅니다. 따로.

b) 작은 그릇에 젤라틴 가루를 물과 섞습니다. 수분이 완전히 흡수될 때까지 5 분 동안 젓고 그대로 둡니다.

c) 중간 소스 냄비에 코코넛 밀크, 코코넛 크림, 설탕을 섞습니다.

d) 중불로 설정하고 끓입니다.

e) 설탕이 녹을 때까지 계속 가열합니다.

f) 열에서 제거하고 5-8 분 동안 식히십시오.

g) 젤라틴을 넣습니다. 젤라틴이 완전히 녹을 때까지 저어줍니다.

h) 준비된 기름칠 라미킨에 우유 혼합물을 나눕니다. 실온으로 식히십시오.

i) 뚜껑을 덮거나 밀폐 용기에 담아 냉장고에 최소 6 시간 동안 보관하세요. 하룻밤이 가장 좋습니다.

j) 틀을 풀려면 라미킨을 한 번에 하나씩 따뜻한 물이 담긴 그릇에 3~5 초 동안 담급니다.

k) 그래도 판나코타가 분리되지 않으면 라미킨의 가장자리를 따라 가는 칼이나 미니 오프셋 주걱을 움직여 느슨하게 합니다. 램킨을 서빙 접시에 뒤집습니다.

l) 토핑으로 장식하고 즉시 제공합니다.

11. 프랑스령 안틸레스 코코넛 플랜

만든다: 8

재료:

- 가당 연유 1 ½ 컵 + 1 테이블스푼
- 코코넛 밀크 1 ¼ 컵
- 큰 달걀 3 개
- 바닐라 익스트랙 1 티스푼
- 무가당 잘게 썬 코코넛 1 컵

캐러멜:

- 설탕 (½ 컵

지침:

a) 중간에 선반을 놓고 오븐을 350°F 로 예열하세요.

b) 팔이 닿는 범위 내에서 기름을 바르지 않은 식빵 팬을 준비합니다.

c) 캐러멜을 만드십시오. 중불에 작은 냄비에 설탕을 넣습니다. 더 이상 설탕을 만지지 마십시오. 젓지 말고 가끔 팬을 흔드십시오. 설탕이 녹고 거품이 일어나 황금색으로 변합니다. 주의 깊게 관찰하고 캐러멜이 호박색으로 변하면 즉시 불을 끄고 팬 바닥에 캐러멜을 고르게 붓습니다.

d) 식히고 굳히기 위해 따로 보관하십시오.

e) 큰 믹싱 볼에 연유, 코코넛 밀크, 계란, 바닐라 추출물, 잘게 썬 코코넛을 함께 휘젓습니다. 덩어리 팬에 혼합물을 붓습니다.

f) 식빵 팬을 더 큰 접시에 놓고 큰 베이킹 접시에 물을 식빵 팬의 측면까지 적어도 ¼ 만큼 채웁니다. 50-55 분 동안 상단 크러스트가 약간 황금색이 되고 만졌을 때 단단해질 때까지 요리합니다. 플랜을 식힘망으로

옮기고 실온이 될 때까지 식힙니다. 냉장고로 옮겨 최소 3 시간 동안 식힙니다.

g) 차가워지면 팬을 약 2 인치 정도의 따뜻한 물에 넣어 팬 바닥의 캐러멜이 다시 부드러워지도록 합니다.

h) 팬 가장자리에 칼을 대십시오. 팬 위에 접시를 뒤집어 단단히 잡고 재빨리 뒤집습니다.

i) 서빙하기 전에 잘게 썬 코코넛을 뿌립니다.

12. No Bake Snowball 쿠키

만든다: 40

재료:

- 잘게 썬 무가당 코코넛 4 컵
- 선택한 과립 감미료 ¼컵 몽크 후르츠 감미료를 사용했습니다.
- 코코넛 밀크 ½컵 아몬드 또는 원하는 다른 우유 사용 가능
- 아몬드 또는 바닐라 추출물 ¼티스푼(선택 사항)

지침:

a) 고속 블렌더 또는 푸드 프로세서에 무가당 코코넛을 넣고 고운 질감이 될 때까지 1-2 분 동안 블렌딩합니다. 과도하게 혼합하지 마십시오. 그렇지 않으면 코코넛 버터가 남게 됩니다.

b) 알갱이로 만든 감미료와 코코넛 밀크를 넣고 끈적하고 걸쭉한 반죽이 남을 때까지 섞습니다. 반죽이 너무 빽빽하면 취향에 따라 우유를 조금 더 추가해주세요.

c) 큰 믹싱 볼로 옮깁니다. 손을 가볍게 적셔 반죽을 작은 공 모양으로 만듭니다. 라이닝된 베이킹 트레이 또는 접시에 놓습니다. 각 공을 쿠키 모양으로 누릅니다. 여분의 코코넛 또는 과립 감미료를 뿌리고 약간 단단해질 때까지 냉장 보관하십시오.

d) 트릭을 수행해야합니다. 마지막으로 남은 코코넛을 손으로 저어줍니다.

e) 붙지 않는 스프레이를 큰 베이킹 시트에 뿌린 다음 아이스크림 스쿠퍼를 사용하여 쿠키 반죽을 베이킹 시트에 퍼냅니다. 9-11 분 동안 또는 가장자리가 굳을 때까지 쿠키를 굽습니다. 오븐에서 꺼낸 후 2~3 분 정도 기다린 후 쿠키를 식힘망으로 옮깁니다.

f) 즐기다!

13. 코코넛 크랙 바

만든다: 20

재료:

- 3 컵 잘게 썬 무가당 코코넛 플레이크
- 녹인 코코넛 오일 1 컵
- 몽크 후르츠 가당 메이플 시럽 $\frac{1}{4}$ 컵 원하는 액상 감미료 대체 가능

지침:

a) 8 × 8 안치 팬 또는 8 × 10 안치 팬에 유산지를 깔고 따로 둡니다. 또는 로프 팬을 사용할 수 있습니다.

b) 큰 믹싱 볼에 잘게 썬 무가당 코코넛을 넣습니다. 녹인 코코넛 오일과 몽크 과일로 단맛을 낸 메이플 시럽을 넣고 걸쭉한 반죽이 남을 때까지 섞습니다. 너무 부스러지면 시럽을 조금 더 추가하거나 물을 조금 더 넣으세요.

c) 코코넛 크랙 바 혼합물을 팬에 붓습니다. 손을 가볍게 적시고 제자리에 단단히 누르십시오. 굳을 때까지 냉장 또는 냉동하십시오. 막대로 자르고 즐기십시오

14. 수제 코코넛 푸딩

만든다: 4

재료:

● 우유 2 컵
● $\frac{1}{2}$ 컵 + 3 Tbs 설탕
● 옥수수 전분 3Tbs
● 소금 $\frac{1}{4}$작은술
● 달걀 1 개
● 달걀 노른자 1 개
● 버터 2Tbs
● 바닐라 익스트랙 1 티스푼
● 코코넛 추출물 1 티스푼
● 잘게 썬 가당 코코넛 $\frac{1}{2}$-$\frac{3}{4}$컵
● 휘핑 토핑 옵션
● 구운 코코넛 옵션

지침:

a) 큰 냄비에 우유, 설탕, 옥수수 전분, 소금, 달걀, 달걀 노른자를 넣습니다.

b) 걸쭉하고 거품이 일 때까지 중불에서 계속 저어줍니다.

c) 열에서 제거하고 버터가 녹을 때까지 버터, 코코넛 추출액 및 바닐라 추출액을 휘젓습니다.

d) 푸딩 위에 사란 랩을 놓고 식을 때까지 냉장고에 넣습니다.

e) 구운 코코넛과 휘핑 토핑을 곁들입니다.

15. 럼을 넣은 코코넛 크림 아이스캔디

만든다: 8

재료:
- 코코넛 크림 1 캔
- 긁어낸 바닐라빈 1 개
- 잘게 썬 코코넛 $\frac{1}{2}$ 컵
- 설탕 1 컵
- 파인애플 주스 1 $\frac{1}{4}$ 컵
- 말리부 럼주 $\frac{3}{4}$ 컵

지침:
a) 작은 냄비에 코코넛 크림과 설탕을 섞습니다.

b) 중불에서 끓입니다. 설탕이 녹을 때까지 약 5 분간 저어줍니다.

c) 혼합물을 내열 용기에 붓고 식을 때까지 약 15 분간 냉장고에 넣습니다.

d) 작은 껍질 벗기는 칼을 사용하여 바닐라 빈을 세로로 가운데로 갈라 그릇에 긁어냅니다.

e) 잘게 썬 코코넛, 파인애플 주스, 말리부 럼을 넣습니다.

f) 혼합물을 8 개의 아이스 캔디 틀에 붓고 얼 때까지 냉동실에 넣습니다.

g) 얼린 틀에서 아이스 캔디를 풀려면 틀을 따뜻한 물에 재빨리 담그고 아이스 캔디가 미끄러질 때까지 조심스럽게 흔듭니다.

16. 구운 코코넛 아이스크림

구성 4 인분

재료:

● 무가당 잘게 썬 코코넛 1 컵
● 13.5 온스 캔 코코넛 밀크
● 코코넛 크림 5.4 온스 캔 2 개
● 몽크프루트 $\frac{1}{4}$ 컵
● 메이플 시럽 $\frac{1}{4}$ 컵
● 바닐라 3 티스푼
● 소금 $\frac{1}{8}$ 작은술
● 보드카 1 큰술

지침:

a) 아이스크림 제조기용 단열 그릇을 밤새 식하십시오.

b) 중불의 중간 프라이팬에서 단맛을 들이지 않은 코코넛을 황금빛 갈색이 될 때까지 굽고 타지 않도록 눈을 감습니다. 아이스크림 베이스를 만드는 동안 그릇에 옮겨 식힙니다.

c) 믹서기에 코코넛 밀크, 코코넛 크림, 몽크 프루트, 메이플 시럽, 바닐라, 소금, 보드카를 넣습니다. 잘 섞이고 약간 보송보송해질 때까지 몇 분 동안 사용합니다.

d) 블렌더가 있다면 2 분도 채 안되지만 일반 블렌더가 있다면 4 분에 가깝게 해주세요.

e) 혼합물을 아이스크림 메이커로 옮기고 제조업체의 지침에 따라 휘젓습니다. 휘젓기가 완료되기 몇 분 전에 구운 코코넛을 추가합니다.

나는 기본 Cuisinart 아이스크림 메이커를 가지고 있고 총 15-20 분 동안 아이스크림을 휘젓게 합니다.

f) 아이스크림은 여전히 국자에 아주 부드럽습니다.

g) 아이스크림을 냉동고용 용기에 옮깁니다. Tupperware 에서 덩어리 팬에 이르기까지 모든 것이 가능합니다. 식빵 팬을 사용한다면 양피지나 플라스틱 랩으로 아이스크림을 덮어야 합니다.

h) 완벽하게 퍼낼 수 있는 아이스크림을 위해 하룻밤 동안 식히십시오.

17. 구운 코코넛 케이크

구성 8 조각

재료:

- 무가당 사과 소스 ¾ 컵
- 코코넛 버터 ¾컵
- 코코넛 밀크 ¼컵
- 코코넛 설탕 ½컵
- 바닐라 익스트랙 1 티스푼
- 레몬즙 1 큰술
- ⅓컵 코코넛 가루
- ⅓컵 타피오카 가루
- 무가당 잘게 썬 코코넛 ½컵
- 베이킹 소다 1 티스푼
- 소금 ¼작은술
- 밤새 식힌 코코넛 크림 1 캔

지침:

a) 오븐을 325°F 로 예열합니다.

b) 무가당 잘게 썬 코코넛 1 컵을 팬에 펴고 황금빛 갈색이 될 때까지 5-10 분 동안 굽습니다.

c) 오븐 온도를 350°F 로 높입니다.

d) 사과 소스, 코코넛 버터, 코코넛 밀크, 코코넛 설탕, 바닐라 및 레몬 주스를 함께 휘젓습니다.

e) 밀가루, 베이킹 소다, 소금을 넣습니다.

f) $\frac{1}{2}$ 컵 구운 코코넛을 접습니다.

g) 기름칠 베이킹 접시로 옮기고 윗면을 매끄럽게 만듭니다.

h) 350°F 에서 25-30 분간 굽습니다. 가장자리는 황금색이어야 하며 완료 후 가볍게 누르면 중앙이 뒤로 튕겨 나옵니다.

i) 식힘망에서 완전히 식혀주세요.

j) 식힌 코코넛 크림 캔에서 단단한 부분을 숟가락으로 떠내십시오. 핸드믹서로 휘핑하고 기호에 따라 감미료 1~2 큰술을 추가합니다.

k) 식힌 케이크 위에 코코넛 휘핑 크림을 바르세요. 더 구운 코코넛을 뿌린다.

l) 썰어서 먹어!

18. 설탕 유약을 곁들인 코코넛 가루 스콘

구성 스콘 8 개

재료:
반죽:
- 코코넛 가루 $\frac{3}{4}$ 컵
- 타피오카 전분 6 큰술
- 설탕, 코코넛 설탕, 메이플 설탕 또는 에리스리톨 $\frac{1}{2}$ 컵
- 베이킹 파우더 4 티스푼
- 바다 소금 $\frac{1}{2}$ 작은술
- 차가운 버터 $\frac{1}{2}$ 컵
- 큰 달걀 3 개
- 코코넛 밀크 또는 헤비 크림 $\frac{1}{2}$ 컵
- 바닐라 익스트랙 1 티스푼
- 신선한 블루베리 1 컵
- 글레이징 반죽용 버터 또는 코코넛 오일 1 큰술
- 위에 뿌릴 설탕이나 에리스리톨 2 큰술

착빙:
- 가루 설탕 $\frac{1}{2}$ 컵
- 신선한 레몬 주스 또는 상점에서 구입한 1 테이블스푼

지침:
a) 큰 그릇에 마른 재료, 코코넛 가루, 타피오카 전분, 설탕, 베이킹 파우더, 소금을 함께 섞습니다.
b) 차가운 버터를 작은 입방체로 자릅니다. 마른 재료에 버터를 넣고 포크나 페이스트리 블렌더를 사용하여 버터를 가루 재료와 함께 잘게

부순다. 밀가루와 버터가 작은 부스러기처럼 보일 때까지 이 작업을 수행합니다. 최소 5 분이 소요됩니다.

c) 다음으로, 다음 단계에서 작업하는 동안 녹지 않도록 이 부서진 버터와 밀가루 그릇을 냉동실에 넣으세요.

d) 중간 크기의 그릇에 계란을 넣고 휘저어 섞습니다.

e) 계란에 코코넛밀크와 바닐라를 넣고 휘저어 섞는다.

f) 젖은 재료를 붓습니다. 부순 버터 위에 주걱을 사용하여 잘 섞일 때까지 저어줍니다. 반죽은 모양을 유지할 수 있을 만큼 두꺼워야 합니다. 코코넛 가루가 액체를 모두 흡수할 수 있도록 최소 1 분 이상 기다립니다. 반죽이 걸쭉하지 않으면 원하는 두께가 될 때까지 한 번에 코코넛 가루 1 큰술을 반죽에 추가합니다.

g) 반죽에 블루베리를 넣고 잘 섞이도록 저어줍니다.

h) 큰 과자 굽는 판에 양피지를 깔고 양피지에 반죽을 놓습니다.

i) 손이나 주걱을 사용하여 반죽을 폭 8 인치, 두께 약 1 인치의 원 모양으로 만듭니다.

j) 반죽이 담긴 트레이를 냉동실에 넣어 굳힙니다. 30 분 동안 얼립니다.

k) 오븐을 400°F 로 예열합니다.

l) 냉동실에서 꺼낸 후 8 조각으로 자릅니다.

m) 웨지를 분리하여 별도의 슬라이스로 구울 것입니다.

n) 전자레인지용 그릇에 버터 1 큰술을 전자레인지에 녹입니다.

o) 각 웨지에 버터를 붓거나 숟가락으로 바르십시오. 설탕을 뿌린다.

p) 25 분 동안 또는 가장자리가 노릇해지고 윗부분이 단단해질 때까지 굽습니다.

q) 스콘은 식힘망에서 식혀주세요.

r) 아이싱을 만들기 위해 가루 설탕을 작은 그릇에 담습니다. 레몬즙을 넣고 아이싱이 모두 섞일 때까지 저어줍니다. 아이싱을 더 얇게 만들고 싶다면 레몬즙을 더 추가하세요.

s) 식힌 스콘에 레몬즙을 뿌린 후 서빙합니다.

19. 하와이안 코코넛 푸딩

구성 5 인분

재료:
- 코코넛 밀크 1 캔
- 설탕 ($\frac{1}{2}$ 컵
- 옥수수 전분 6 큰술
- 물 $\frac{3}{4}$컵

지침:
a) 작은 냄비에 코코넛 밀크와 설탕을 섞습니다. 함께 저어가며 끓인다
b) 옥수수 전분을 물과 섞고 옥수수 전분이 물에 녹을 때까지 저어줍니다.
c) 코코넛 밀크가 끓으면 불을 낮추고 옥수수 전분을 천천히 저어줍니다.
d) 일관성이 걸쭉하고 크림처럼 될 때까지 믹스를 계속 저어줍니다.
e) 즉시 작은 8"x8" 팬에 붓습니다.
f) 하우피아를 냉장 보관하세요. 사각형으로 자르고 봉사하십시오.

20. 라즈베리 잼을 곁들인 코코넛 타르트

만들다: 24

재료:

- 계란 2 개
- 설탕 ($\frac{1}{2}$ 컵
- 녹인 버터 $\frac{1}{4}$컵
- 바닐라 익스트랙 1 티스푼
- 무가당 잘게 썬 코코넛 1 $\frac{1}{4}$ 컵
- 라즈베리 잼
- 굽지 않은 타르트렛 껍질 24 개

지침:

a) 오븐을 375F 로 예열합니다.

b) 계란을 치십시오. 그런 다음 설탕, 녹인 버터, 바닐라, 코코넛을 넣습니다.

c) 굽지 않은 tartlet 껍질을 깡통에 넣어 베이킹 시트에 놓습니다.

d) 각 껍질의 바닥에 약간의 라즈베리 잼을 넣으십시오.

e) 코코넛 필링으로 약 3/4 을 채웁니다.

f) 윗면이 살짝 황금빛 갈색이 될 때까지 약 20~25 분간 굽습니다. 식으면 통에서 꺼냅니다.

21. 부드러운 코코넛 수플레

구성 4 인분

재료:

- 텐더 코코넛 워터 1 컵
- 코코넛 밀크 또는 우유 1 컵
- 부드러운 코코넛 퓨레 $\frac{1}{4}$ 컵
- $\frac{2}{3}$ 컵 연유
- 젤라틴 3 티스푼

지침:

a) 코코넛 과육을 부드러운 페이스트로 섞습니다. 갈색 조각이 없는지 확인하십시오.

b) 젤라틴이 녹을 때까지 코코넛 워터와 젤라틴을 가열합니다.

c) 그동안 우유를 끓입니다.

d) 여기에 농축 우유를 넣고 잘 섞는다.

e) 여기에 코코넛 물 혼합물을 넣고 불에서 내립니다.

f) 혼합물을 식히십시오.

g) 여기에 반유동식으로 만든 부드러운 코코넛 과육을 추가합니다.

h) 이것을 체에 통과시켜 주전자에 넣습니다.

i) 유리잔에 붓고 4 시간 동안 냉장 보관합니다.

22. 코코넛 키어

만든다: 6
재료:

- 우유 750ml
- 설탕 50g
- 텐더 코코넛 1 개의 물
- 다진 부드러운 코코넛 조각 $\frac{1}{2}$ 컵
- 소금 $\frac{1}{4}$ 작은술
- 카다몸 가루 $\frac{1}{2}$ 작은술

지침:

a) 믹서 그라인더에 다진 텐더 코코넛 조각 $\frac{1}{4}$ 과 코코넛 물 약 $\frac{1}{4}$ 컵을 넣고 부드러운 페이스트를 만들어 따로 보관합니다.

b) 큰 용기나 프라이팬에 우유와 코코넛 워터를 넣고 강한 불에 놓고 계속 저어줍니다.

c) 우유의 양을 3/4 로 줄인 다음 설탕과 부드러운 코코넛 페이스트를 추가합니다.

d) 가스불을 중불로 줄이고 용기의 측면을 계속 휘저으며 긁어냅니다.

e) 약 10~15 분 후 남은 텐더 코코넛 조각, 카다멈 가루, 소금, 건조 과일을 사용하는 경우 추가합니다. 계속 저어기며 끓입니다.

f) 걸쭉한 키어가 마음에 들면 키어를 계속 끓입니다.

g) 키어가 준비되면 불을 끄고 키어를 따로 보관하여 실온에서 식힙니다.

h) 차갑게 식도록 냉장보관하세요

23. 간 코코넛을 곁들인 Sago Ruby

구성 5 인분

재료:

- 씻어서 물기를 뺀 사고 150g
- 설탕 6 큰술
- 물 1 $\frac{1}{2}$ 컵
- 판단 잎 2 개
- 빨간색 식용 색소 몇 방울
- 갈은 어린 코코넛 $\frac{1}{2}$ 조각
- 소금 $\frac{1}{8}$ 작은술

지침:

a) 재료 B 를 섞고 중불에서 5 분 동안 찐다. 식히기 위해 따로 보관하십시오.

b) 중간 냄비에 설탕, 물, 판단 잎을 함께 넣고 설탕이 녹을 때까지 끓입니다.

c) 사고와 빨간색 식용 색소를 넣고 데칠 때까지 계속 저어준 다음 불을 끕니다.

d) 반숙 사고를 예열된 8 인치 원형 찜기에 붓습니다.

e) 약한 불에서 15 분간 찐 후 식힙니다.

f) 작은 숟가락을 사용하여 사고를 한 숟가락 떠서 돌돌 말아 간 코코넛으로 코팅합니다.

24. 코코넛 크림 파이 컵케이크

만든다: 5

재료:

컵케이크를 위해

- 화이트 케이크 믹스 15 온스 상자
- 잘게 썬 달콤한 코코넛 1 컵
- 큰 달걀 흰자 3 개
- 혼합 코코넛 밀크 $\frac{3}{4}$ 컵
- 식물성 기름 $\frac{1}{2}$ 컵
- 라이트 사워 크림 $\frac{1}{2}$ 컵
- 코코넛 추출물 1 티스푼
- 베이킹 파우더 1 티스푼

충전을 위해

- 인스턴트 바닐라 푸딩 3.4 온스 패키지
- 모든 종류의 우유 $\frac{3}{4}$ 컵
- 코코넛 추출물 1 티스푼
- 헤비 휘핑크림 1 컵
- 가루 설탕 $\frac{1}{4}$ 컵

프로스팅을 위해

- 차가운 크림 치즈 8 온스
- 헤비 휘핑크림 1 $\frac{3}{4}$ 컵
- 가루 설탕 1 컵
- 순수 바닐라 추출물 1 티스푼
- 장식용 잘게 썬 코코넛

지침:

컵케이크를 위해

a) 오븐을 350° F 로 예열합니다. 반죽에 넣기 전에 코코넛 밀크를 잘 섞습니다.

b) 큰 믹싱 볼에 케이크 믹스와 나머지 모든 재료를 섞습니다.

c) 모든 재료가 잘 섞일 때까지 중간 속도로 치십시오.

d) 그릇의 측면을 긁어내고 바닥에서 저어줍니다.

e) 큰 쿠키 스쿱을 사용하여 반죽을 고르게 나누어 각 라이너를 채웁니다.⅔ 가득한

f) 350°에서 15-18 분 동안 굽습니다.

g) 컵케이크 중앙에 이쑤시개를 꽂아 익었는지 확인하세요. 이쑤시개가 깨끗하게 나오면 컵케이크 완성입니다. 완전히 식히십시오.

충전을 위해

h) 푸딩에 우유 및 코코넛 추출물을 섞습니다. 푸딩이 녹을 때까지 털다. 굳을 때까지 냉장 보관하십시오.

i) 휘핑크림을 준비합니다. 믹싱 볼과 휘젓기 부착물을 냉동실에 5~10 분 동안 넣어 식힙니다.

j) 무거운 휘핑 크림을 식힌 그릇에 붓고 전기 믹서를 사용하여 부드러운 봉우리가 형성되기 시작할 때까지 무거운 크림을 중속 고속으로 휘젓습니다. 가루 설탕을 넣고 뻣뻣한 봉우리가 형성될 때까지 고속으로 계속 치십시오.

k) 냉장고에서 푸딩을 꺼내고 휘핑 크림에 부드럽게 접습니다. 충전물을 지퍼백에 넣고 사용할 준비가 될 때까지 냉장 보관합니다.

프로스팅을 위해

l) 그릇을 다시 5-10 분 동안 식힙니다. 크림치즈가 부드럽고 덩어리지지 않을 때까지 2-3 분 동안 중속으로 크림치즈를 휘젓습니다. 때때로 그릇의 측면을 긁어내십시오.

m) 무거운 휘핑 크림 3 큰술을 추가하십시오. 크림 치즈가 액체 혼합물과 비슷해질 때까지 크림 치즈를 치십시오.

n) 진한 휘핑 크림을 천천히 붓고 크림 치즈가 액체 혼합물처럼 될 때까지 계속 휘젓습니다. 남은 무거운 휘핑 크림을 계속 추가하고 부드러운 봉우리가 형성될 때까지 중속으로 치십시오. 가루 설탕과 바닐라 추출물을 넣고 뻣뻣한 봉우리가 형성될 때까지 치십시오. 즉시 사용하거나 냉장 보관하십시오.

컵케이크 조립하기

o) 숟가락, 칼 또는 컵케이크 코러를 사용하여 컵케이크 가운데를 제거합니다. 지플락 백의 끝을 잘라내고 가운데를 코코넛 무스 필링으로 채웁니다. 크림치즈 휘핑크림을 얹어줍니다. 잘게 썬 코코넛을 뿌린다. 이 컵케이크는 냉장 보관해야 합니다.

25. 코코넛 가루 벨기에 와플

만든다: 4

재료:

- 팔레오용 녹인 버터 또는 버터 기름 4 큰술
- 계란 6 개
- 스테비아 $\frac{1}{8}$ 티스푼
- 소금 $\frac{1}{2}$ 작은술
- 베이킹 파우더 $\frac{1}{2}$ 작은술
- $\frac{1}{3}$ 컵 코코넛 가루

지침:

a) 블렌더에서 버터와 계란을 완전히 섞일 때까지 섞습니다.

b) 스테비아, 소금, 베이킹파우더를 넣고 섞어줍니다.

c) 덩어리 없이 완전히 섞일 때까지 코코넛 가루를 섞는다. 반죽이 걸쭉해질 수 있도록 최소 5 분 동안 그대로 두세요.

d) 반죽을 얇게 만들고 싶다면 물을 조금 더 추가할 수 있습니다.

e) 와플 메이커의 지시에 따라 요리하십시오.

26. 코코넛 마카롱 파이

10 인분

재료:

- 냉장 파이 크러스트 1 장
- 큰 달걀 2 개
- 가당 연유 14 온스 캔
- 녹인 버터 $\frac{1}{4}$ 컵
- 아몬드 추출물 1 티스푼
- 소금 $\frac{1}{4}$ 작은술
- 다목적 밀가루 $\frac{1}{4}$ 컵
- 가당 파쇄 코코넛 14 온스 패키지

지침:

a) 오븐을 350°로 예열합니다. 크러스트를 9 인치로 펼칩니다. 파이 접시, 플루트 가장자리. 냉장 보관하십시오.

b) 큰 그릇에 계란, 우유, 녹인 버터, 추출물, 소금을 넣고 잘 섞이도록 젓습니다. 밀가루를 저어주세요. $\frac{1}{2}$ 컵의 코코넛을 남겨두고 남은 코코넛을 계란 혼합물에 저어줍니다. 파이 크러스트로 옮깁니다. 예약 코코넛을 뿌린다.

c) 낮은 오븐 선반에서 황금빛 갈색이 될 때까지 굽고 내용물이 채워질 때까지 35-45 분 동안 굽습니다. 와이어 랙에서 식하십시오. 남은 음식을 냉장 보관하십시오.

27. 구운 코코넛 구운 도넛

만든다: 12

재료:

- 부드러워진 무염 버터 $\frac{1}{4}$ 컵
- 식물성 기름 $\frac{1}{4}$ 컵
- 알갱이 설탕 $\frac{1}{2}$ 컵
- $\frac{1}{3}$ 컵 흑설탕
- 큰 달걀 2 개
- 베이킹 파우더 $1\frac{1}{2}$ 티스푼
- 베이킹 소다 $\frac{1}{4}$ 작은술
- 육두구 $\frac{1}{2}$ 작은술
- 소금 $\frac{1}{2}$ 작은술
- 바닐라 추출물 $1\frac{1}{2}$ 티스푼
- $2\frac{2}{3}$ 다목적 밀가루 컵
- 버터밀크 1 컵

글레이즈

- 가루 설탕 1 컵
- 가벼운 옥수수 시럽 1 큰술
- 녹인 버터 1 큰술
- 우유 2 큰술
- 바닐라 추출물 $\frac{1}{2}$ 티스푼
- 소금 $\frac{1}{8}$ 작은술

구운 코코넛

- 가당 코코넛 또는 구운 코코넛 1 컵

지침:

a) 오븐을 425°로 예열합니다. 도넛 팬에 기름을 바르거나 들러붙지 않는 쿠킹 스프레이를 팬에 뿌립니다.

b) 큰 그릇에 버터, 오일, 설탕을 넣고 부드러워질 때까지 섞습니다.

c) 계란이 섞일 때까지 한 번에 하나씩 휘젓습니다.

d) 혼합물에 베이킹 파우더, 베이킹 소다, 육두구 및 바닐라를 첨가하십시오. 섞일 때까지 저어줍니다.

e) 밀가루로 시작하고 밀가루로 끝나는 버터밀크와 번갈아 가며 저어줍니다. 섞을 만큼만 섞는다.

f) 숟가락을 사용하여 도넛 웰에 반죽을 $\frac{3}{4}$ 정도 채웁니다. 반죽이 약간 뻣뻣해집니다. 이쑤시개를 사용하여 반죽을 개별 도넛 웰의 가장자리까지 펼칩니다.

g) 예열된 오븐 중앙 선반에서 10 분간 굽는다. 가볍게 눌렀을 때 다시 튀겨지면 도넛이 완성된 것입니다. 도넛은 창백하고 베이킹으로 어두워지지 않습니다. 이것은 정상입니다.

h) 오븐에서 팬을 제거하고 팬을 뒤집어 제거하기 전에 도넛을 약간 식하십시오.

i) 제과용 설탕, 옥수수 시럽, 녹인 버터, 우유, 바닐라, 소금을 작은 그릇에 섞어 글레이즈를 만듭니다. 철저히 섞는다. 글레이즈가 너무 진하면 원하는 농도가 될 때까지 우유를 한 번에 1 티스푼씩 추가합니다.

j) 낮은 중간 열에 큰 프라이팬에 코코넛을 추가합니다. 조각이 대부분 황금빛 갈색이 될 때까지 계속 저으면서 요리합니다. 열에서 제거하고 구운 코코넛을 접시에 옮겨 식힙니다.

k) 약간 따뜻한 도넛을 글레이즈에 담근 다음 구운 코코넛 글레이즈가 잘 붙도록 코코넛을 눌러주세요.

l) 서빙하기 전에 글레이즈가 굳도록 냉각 선반에 도넛을 놓습니다.

28. <u>Tres Leches 코코넛 케이크 사소한 일</u>

만든다: 10

재료:
케이크
- 백설탕 1 컵
- 계란 노른자 5 개
- 달걀 흰자 5 개
- ⅓ 컵 코코넛 밀크
- 바닐라 추출물 ½ 티스푼
- 코코넛 추출물 1 티스푼
- 다목적 밀가루 1 컵
- 베이킹 파우더 1½ 작은술

밀크 소스
- 가당 연유 14 온스 캔
- 연유 12 액량 온스, ½ 컵 빼기
- 코코넛 밀크 ¾ 컵

코코넛 페이스트리 크림
- 코코넛 밀크 14 온스
- 설탕 ¾ 컵
- 바닐라 익스트랙 3 티스푼
- 꼬집는 코셔 소금
- 큰 달걀 노른자 3 개
- 옥수수 전분 2 큰술
- 무염 버터 2 큰술
- 가당 코코넛 플레이크 1 컵

● 헤비 휘핑 크림 ½컵

휘핑 크림

● 헤비 휘핑크림 2 컵
● 착빙 설탕 6 큰술
● 조립 및 토핑을 위한 구운 코코넛

지침:

a) 코코넛을 구우려면 과자 굽는 판에 펴고 몇 분 동안 화씨 350 도에서 굽습니다. 토스트되고 갈변될 때까지 가끔씩 저어줍니다.

b) 사용하기 전에 접시에 옮겨 식힙니다.

코코넛 페이스트리 크림 만들기:

c) 코코넛 밀크, 설탕, 소금, 바닐라를 중간 냄비에 넣고 중간 불로 가열합니다. 별도의 그릇에 계란 노른자와 옥수수 전분을 함께 휘젓습니다.

d) 코코넛 밀크 혼합물이 뜨거워지면 우유 ½컵을 떠서 휘젓는 동안 천천히 노른자에 이슬비를 가하여 달걀 노른자를 템퍼링합니다.

e) 이제 템퍼링한 노른자를 스토브에 있는 코코넛 밀크 혼합물에 다시 넣고 중불에서 3 분 동안 또는 혼합물이 걸쭉해지고 거품이 생길 때까지 휘젓습니다.

f) 나중에 페이스트리 크림이 분리되지 않도록 3 분 동안 계속 저어주세요.

g) 3 분 후 버터와 코코넛을 휘젓습니다. 식히기 위해 얕은 접시에 크림을 붓습니다.

h) 식힌 크림을 플라스틱 랩으로 페이스트리 크림에 바로 대고 눌러 피부가 형성되는 것을 방지합니다.

i) 다음 단계를 수행하면서 패스트리 크림을 1 시간 동안 냉장 보관합니다. 차가워지면 페이스트리 크림을 저어 풀어줍니다.

j) 식힌 그릇에 헤비 크림 ½컵을 중간 봉우리가 될 때까지 휘젓습니다. 나머지를 접기 전에 휘핑 크림의 1/3 을 패스트리 크림에 넣고 가볍게 저어줍니다.

케이크 만들기:

k) 오븐을 화씨 350 도로 예열하고 두 개의 9 인치 케이크 팬에 기름을 바릅니다.

l) 중간 크기의 그릇에 계란 노른자를 설탕 ¾컵과 함께 가벼워지고 부피가 두 배가 될 때까지 휘젓습니다. 코코넛 밀크, 바닐라, 코코넛 추출물, 말가루 및 베이킹 파우더를 섞습니다.

m) 별도의 그릇에 부드러운 봉우리가 형성될 때까지 달걀 흰자를 휘젓습니다.

n) 나머지 ¼컵 설탕을 넣고 뻣뻣한 봉우리가 형성될 때까지 치십시오.

o) 줄무늬가 남지 않을 때까지 흰자를 노른자 혼합물에 부드럽게 접고 반죽을 준비된 팬에 붓습니다.

p) 350 도에서 12-15 분 또는 가운데에 이쑤시개를 꽂아 깨끗이 나올 때까지 굽습니다.

q) 팬에서 10 분 동안 식힌 후 케이크 층 가장자리에 칼을 대고 식힘망에 뒤집습니다. 완전히 식히십시오.

휘핑크림 만들기:

r) 2 컵의 크림과 슈가파우더를 차갑게 식힌 볼에 넣고 뻣뻣한 봉우리가 될 때까지 휘젓습니다.

사소한 일을 조립:

s) 연유, 연유, 코코넛 밀크를 함께 휘저어 쓰리 밀크 소스를 만듭니다.

t) 작은 접시 바닥에 케이크 한 겹을 놓고 포크로 구멍을 뚫습니다.

u) 부어⅓그 위에 우유 혼합물 한 컵을 붓고 약 30 분 동안 그대로 둡니다.

v) 그 위에 모든 코코넛 페이스트리 크림, 넉넉한 구운 코코넛 층, 휘핑 크림 반을 얹습니다.

w) 포크로 다른 케이크 층을 찌르십시오.

x) 당신의 사소한 접시에 있는 휘핑 크림 층 위에 그것을 놓고 다른 것을 따르십시오⅓그 위에 우유 혼합물의 컵

y) 사소한 일을 덮고 30 분 동안 냉장 보관하십시오. 식힌 후 남은 휘핑 크림으로 트리플을 프로스팅하고 남은 구운 코코넛을 얹습니다.

z) 먹기 전에 냉장고에 밤새도록 두십시오.

29. 초콜릿을 곁들인 코코넛 미니 타르트

분량: 36 인분

재료:

- 가당 연유 14 온스 캔
- 헤이즐넛 리큐어 또는 물 2 큰술
- 물 2 큰술
- 인스턴트 초콜릿 1 팩

푸딩 믹스

- 부드러운 마카롱 13¾ 온스 패키지
- 잘게 썬 피칸 1 컵
- 무가당 코코아 가루 2 큰술
- ⅔ 컵 휘핑 크림

코코넛 크러스트

- 구운 코코넛, 선택 사항
- 휘핑크림, 옵션
- ⅓ 녹은 버터 또는 마가린 컵

지침:

a) 가당 연유, 리큐어 또는 물과 물을 섞습니다.

b) 푸딩 믹스와 코코아 가루를 추가합니다. 부드러워 질 때까지 치십시오.

c) 뚜껑을 덮고 5 분간 식힙니다.

d) 이기다 ⅓ 컵 휘핑 크림을 부드러운 봉우리로 만들고 초콜릿 혼합물에 접습니다.

e) 코코넛 껍질에 마운드하십시오. 2~24 시간 동안 식힙니다.

f) 원하는 경우 추가 휘핑 크림과 구운 코코넛으로 장식합니다.

코코넛 크러스트:

g) 마카롱, 피칸, 버터를 섞는다.

h) 기름칠이 잘 된 1¾" 머핀 컵 36 개의 아래쪽과 위쪽에 1 테이블스푼 혼합물을 누릅니다.

i) 375 도 오븐에서 8-10 분 동안 또는 가장자리가 갈색이 될 때까지 굽습니다. 랙에서 식힙니다.

j) 풀고 컵에서 꺼냅니다.

30. 호박 파이 코코넛 칩

분량: 4 인분

재료:
- 코코넛 오일 2 큰술
- 바닐라 추출물 $\frac{1}{2}$ 티스푼
- 호박 파이 향신료 $\frac{1}{2}$ 작은술
- 알갱이로 만든 에리스리톨 1 큰술
- 무가당 코코넛 플레이크 2 컵
- 소금 $\frac{1}{8}$ 작은술

지침:
a) 오븐을 350°F 로 예열합니다.

b) 중간 크기의 전자레인지용 그릇에 코코넛 오일을 넣고 녹을 때까지 약 20 초간 전자레인지에 돌립니다. 바닐라 추출물, 호박 파이 향신료, 과립형 에리스리톨을 코코넛 오일에 넣고 섞일 때까지 저어줍니다.

c) 중간 그릇에 코코넛 플레이크를 놓고 코코넛 오일 혼합물을 그 위에 붓고 버무려 코팅합니다. 쿠키 시트에 한 겹으로 펴고 소금을 뿌립니다.

d) 5 분 동안 또는 코코넛이 바삭해질 때까지 굽습니다.

31. 코코넛 스파루리나 블리스 볼

분량: 4 인분

재료:

- 건조 코코넛 ¾컵
- ⅓컵 코코넛 가루
- ⅓컵 씨를 뺀 날짜, 담근
- 블루 스피루리나 가루 2 티스푼
- 코코넛 버터 3 큰술
- 메이플 시럽 3 큰술
- 코코넛 오일 1-2 큰술
- 소금 한 꼬집

지침:

a) 모든 재료를 푸드 프로세서에 넣고 뭉쳐질 때까지 돌립니다.

b) 혼합물을 공 모양으로 만들고 양피지를 깐 접시나 베이킹 트레이에 놓습니다.

c) 원하는 경우 볼을 더 많은 코코넛으로 굴립니다.

d) 굳을 때까지 최소 1-2 시간 동안 막대를 얼립니다.

32. 코코넛 마카롱 치즈케이크

분량: 8 인분

재료:

- 일반 달콤한 비스킷 ½ 컵
- 코코넛 마카롱 ½ 컵
- 녹인 버터 ½ 컵
- 젤라틴 2 티스푼
- 물 1 큰술
- 부드러운 크림 치즈 8 온스
- 캐스터 설탕 ¼ 컵
- 코코넛 크림 1 컵
- 잘게 간 라임 껍질 1 티스푼
- 라임 주스 1 ½ 큰술

지침:

a) 비스킷이 잘게 될 때까지 가공하고 버터를 추가한 다음 결합될 때까지 가공합니다. 혼합물을 11cm × 34cm 직사각형 홈이 있는 루스 기반 플란틴의 바닥과 측면에 고르게 누릅니다. 속을 채우는 동안 깡통을 쟁반에 놓고 얼립니다.

b) 한편, 작은 내열 용기의 물 위에 젤라틴을 뿌리고 끓는 물이 담긴 작은 냄비에 용기를 세웁니다. 젤라틴이 녹을 때까지 저어주고 5 분간 식힙니다.

c) 전기 믹서로 작은 그릇에 크림 치즈와 캐스터 설탕을 넣고 부드러워질 때까지 치십시오. 코코넛 크림, 껍질, 주스를 넣고 부드러워질 때까지 치십시오. 젤라틴 혼합물을 저어줍니다.

d) 빵 부스러기 크러스트에 혼합물을 붓습니다. 뚜껑을 덮고 약 3 시간 동안 또는 굳을 때까지 냉장 보관합니다.

33. 코코넛 고지 베리 볼

만든다: 15

재료:

- 1 컵 포장, 씨를 제거한 대추
- 1 컵 미세 또는 중간 무가당 잘게 썬 코코넛
- 생 캐슈 ½컵
- 말린 구기자 열매 ½컵
- 코팅용 추가 코코넛, 옵션

지침:

a) 날짜를 그릇에 넣고 뜨거운 물로 덮습니다. 15 분간 담가두었다가 물기를 잘 빼주세요.

b) 코코넛, 고지베리, 캐슈넛을 푸드 프로세서에 넣고 약 30 초 동안 강하게 섞습니다.

c) 물기를 뺀 날짜를 넣고 부서지기 쉬운 반죽으로 가공하십시오.

d) 반죽을 15 개의 볼로 만들고 원하는 경우 잘게 썬 코코넛에 굴립니다. 최대 7 일 동안 냉장고에 보관하거나 최대 3 개월 동안 냉동실에 보관하세요.

34. 고지 코코넛 트라이앵글

만든다: 6

재료:

- 생아몬드 3 컵
- 구기자 열매 $\frac{1}{2}$ 컵
- 코코넛 플레이크 1 컵
- 코코넛 워터 가루 2 큰술
- $\frac{1}{3}$ 컵 꿀
- 바닐라 익스트랙 1 티스푼
- 소금 $\frac{1}{4}$ 작은술
- $\frac{1}{3}$ 뜨거운 물

지침:

a) 푸드 프로세서에서 아몬드를 곱게 갈아줍니다. 나머지 마른 재료를 섞고 다시 펄싱합니다. 큰 그릇에 붓고 따로 보관하십시오.

b) 다른 그릇에 꿀, 뜨거운 물, 바닐라를 섞습니다. 함께 잘 저어 마른 재료에 첨가하십시오. 계피와 소금을 넣고 잘 섞는다.

c) 혼합물을 큰 베이킹 접시에 넣고 손으로 팬에 고르게 누릅니다.

d) 막대를 제공하기 위해 사각형으로 자르기 전에 최소 30 분 동안 냉장고에서 식하십시오.

35. 코코넛 비트 아이스크림

재료:

코코넛 레이어:

- 잘게 썬 코코넛 3 컵
- 쌀 엿기름 시럽 $\frac{1}{4}$ 컵
- 코코넛 밀크 1 큰술
- 코코넛 오일 1 큰술

핑크 레이어:

- 잘게 썬 코코넛 3 컵
- 쌀 엿기름 시럽 $\frac{1}{4}$ 컵
- 코코넛 밀크 1 큰술
- 코코넛 오일 1 큰술
- 유기농 치아씨드 2 큰술
- ⅓ 컵 구기자 열매
- 유기농 비트 뿌리 가루 1 티스푼

지침:

a) 코코넛 레이어 재료를 푸드 프로세서에 넣고 혼합물이 서로 달라붙을 때까지 펄스를 사용합니다. 줄을 댄 중간 크기의 사각형 통에 혼합물을 펴서 냉동실에 넣습니다.

b) 다음으로 분홍색 층으로 이동하여 이 층의 재료를 푸드 프로세서에 넣고 혼합물이 서로 달라붙을 때까지 펄싱합니다. 코코넛 층 위에 펴서 얼립니다.

c) 네모로 자르기 전에 최소 30 분 동안 얼리십시오.

d) 서빙할 추가 구기자 열매를 얹습니다.

36. 열대 코코넛 푸딩

구성 2 인분

재료:
- 구식 글루텐 프리 귀리 $\frac{3}{4}$ 컵
- 무가당 잘게 썬 코코넛 $\frac{1}{2}$ 컵
- 물 2 컵
- 코코넛 밀크 $1\frac{1}{4}$ 컵
- 계피 가루 $\frac{1}{2}$ 작은술
- 얇게 썬 바나나 1 개

지침:
a) 그릇을 사용하여 귀리, 코코넛, 물을 섞습니다. 덮고 밤새 식히십시오.
b) 혼합물을 작은 냄비에 옮깁니다.
c) 우유, 계피가루를 넣고 중불에서 12 분 정도 끓인다.
d) 열에서 제거하고 5 분 동안 그대로 두십시오.
e) 바나나 조각으로 2 개의 그릇과 상단 사이를 나눕니다.

37. 레몬 코코넛 머핀

만든다: 8-10

재료:
- 아몬드 가루 1 $\frac{1}{4}$ 컵
- 잘게 썬 무가당 코코넛 1 컵
- 코코넛 가루 2 큰술
- 베이킹 소다 $\frac{1}{2}$ 작은술
- 베이킹 파우더 $\frac{1}{2}$ 작은술
- 소금 $\frac{1}{4}$ 작은술
- 꿀 $\frac{1}{4}$ 컵
- 레몬 1 개의 주스와 제스트
- 전지 코코넛 밀크 $\frac{1}{4}$ 컵
- 계란 3 개
- 코코넛 오일 3 큰술
- 바닐라 익스트랙 1 티스푼

지침:

a) 오븐의 열을 350f 로 가져옵니다. 작은 그릇에 젖은 재료를 모두 섞습니다.

b) 중간 그릇에 모든 마른 재료를 섞습니다.

c) 이제 젖은 재료를 마른 재료 그릇에 붓고 반죽에 넣고 저어줍니다.

d) 반죽을 몇 분 동안 그대로 두었다가 다시 저어주세요. 이제 머핀 틀에 기름을 바르고 각 2/3 정도를 채웁니다. 오븐에 넣고 20 분 정도 굽는다.

e) 머핀 중앙에 이쑤시개를 꽂아 머핀이 익었는지 확인하고 잘 구워지면 다 익은 것입니다. 오븐에서 꺼내서 잠시 식힌 다음 서빙하세요

38. 코코넛 조이

제조사: 3-½ 다스

재료:

- 코코넛 버터 ½ 컵
- 가루 설탕 2 컵
- 코코넛 플레이크 3 컵
- ⅓반 달콤한 초콜릿 칩 컵

지침:

a) 녹여대미초 주입약한 불로 스튜 냄비에 버터를 바르고 열에서 제거하십시오.

b) 가루 설탕과 코코넛을 넣고 3/4 인치 볼 모양으로 만듭니다. 굳을 때까지 식하십시오.

c) 작고 튼튼한 지퍼가 달린 비닐 봉지에 초콜릿 칩을 넣고 밀봉합니다.

d) 초콜렛이 녹을 때까지 뜨거운 물에 담그십시오.

e) 가방 한쪽 모서리에 작은 구멍을 뚫고 코코넛 볼 위에 초콜릿을 뿌립니다.

f) 사탕이 단단해질 때까지 그대로 두고 냉장고에 보관하십시오.

39. 로즈 코코넛 아이스크림

구성 4 인분

재료:

- ⅓컵 장미 차
- 코코넛 크림 2 컵
- 우유 ¾컵
- 계란 노른자 10 개
- 슈가시럽 5 큰술
- 잘게 썬 코코넛 1 컵

지침:

a) 이중 보일러에서 거의 끓을 때까지 가열하고 열에서 제거합니다. 장미 차와 크림.

b) 별도의 그릇에 계란과 우유를 거품이 날 때까지 휘젓습니다.

c) 계속 휘젓는 계란 위에 따뜻한 우유를 부은 다음 팬에 다시 약한 불로 붓습니다.

d) 혼합물이 걸쭉해질 때까지 요리하고 저어줍니다.

e) 혼합물을 깨끗한 그릇에 걸러내고 코코넛을 추가해야 합니다.

f) 플라스틱 랩으로 덮고 실온에서 식힙니다.

g) 전기 아이스크림 기계에 붓고 제조사의 지시를 따릅니다.

40. 코코넛 젤리 구미

구성 4 인분

재료:

- 3 온스 박스 젤로
- 물 $\frac{1}{4}$ 컵
- $\frac{1}{4}$ 컵 코코넛 오일
- 1 물 맛 패킷
- 1 패키지 + 1 티스푼 무향 젤라틴

지침:

a) 중간 냄비에 모든 재료를 걸쭉해질 때까지 섞고 상당히 잘 섞습니다.

b) 금형에 붓습니다. 설정하기 위해 냉동실에 넣습니다.

c) 틀에서 꺼내 냉장고에서 24 시간 동안 자연 건조합니다. 각각 뒤집습니다. 중간에 거미.

d) 냉장보관하세요.

41. 아마레또 코코넛 파이

만드는 것 9 인치 파이

재료:

- -수 우드워드
- ¼ 컵 버터 또는 마가린, 연화
- 설탕 1 컵
- 큰 달걀 2 개
- 우유 ¾컵
- 아마레또 ¼컵
- 셀프 라이징 밀가루 ¼컵
- ⅔컵 플레이크 코코넛

지침:

a) med 에서 버터와 설탕을 치십시오. 가볍고 푹신해질 때까지 전기 믹서의 속도.

b) 계란을 넣고 잘 치십시오.

c) 우유, 아마레또, 밀가루를 넣고 잘 젓는다.

d) 코코넛을 저어주세요. 가볍게 기름칠한 9 인치 파이 접시에 혼합물을 붓습니다.

e) 350~에서 35 분 동안 또는 굳을 때까지 굽습니다.

f) 와이어 랙에서 완전히 식히십시오.

42. 쫄깃한 코코넛 마카롱

분량: 18 인분

재료:

● 코코넛 조각 1½컵
● ⅓컵 설탕
● ⅛ 티스푼 소금
● 밀가루 2 큰술
● 계란 흰자 2 개
● 아몬드 추출물 ½작은술

지침:

a) 코코넛, 설탕, 소금, 밀가루를 섞습니다. 달걀 흰자와 아몬드 추출물을 넣고 잘 섞는다.

b) 가볍게 기름을 바른 쿠키 시트에 티스푼으로 떨어뜨립니다.

c) 325F 에서 20 분 동안 또는 가장자리가 황금빛 갈색이 될 때까지 굽습니다.

d) 한 번에 쿠키 시트에서 제거하십시오.

43. 치즈 코코넛 부활절 달걀

만들다: 1 인분

재료:

- 부드러운 크림 치즈 3 온스 패키지
- 바닐라 $\frac{1}{2}$ 티스푼
- 제과용 설탕 1 파운드
- $\frac{1}{4}$ 컵 플레이크 코코넛
- 돌진 소금
- 1 파운드 초콜릿 맛 또는 파스텔 컴파운드 코팅, 녹임

지침:

a) 크림 치즈와 바닐라를 그릇에 담습니다.

b) 제과업자의 설탕, 코코넛 및 소금을 점차적으로 첨가하십시오.

c) 쉽게 다룰 수 있는 농도로 혼합하고 필요한 경우 제과용 설탕을 더 추가합니다.

d) 사탕을 달걀 모양으로 만들고 약 1 시간 동안 굳힙니다.

e) 컴파운드 코팅에 담그고 굳을 때까지 두십시오.

44. 코코넛 엔젤 푸드 케이크

만들기: 1 인분

재료:
케이크:

- $\frac{3}{4}$ 컵 박력분
- 큰 달걀 흰자 8 개
- 소금 $\frac{1}{2}$ 작은술
- 타르타르 크림 $\frac{1}{2}$ 작은술
- 극상 설탕 1 컵
- 바닐라 $\frac{1}{2}$ 티스푼
- 아몬드 추출물 $\frac{1}{2}$ 작은술
- 잘게 썬 코코넛 $\frac{1}{2}$ 컵

프로스팅:

- 설탕 $1\frac{1}{4}$ 컵
- 큰 달걀 흰자 2 개
- 간 오렌지 제스트 1 티스푼
- 걸러낸 오렌지 주스 $\frac{1}{4}$ 컵
- 옥수수 시럽 1 큰술
- 잘게 썰고 구운 코코넛 1 컵

지침:

a) 종이호일 위에 밀가루를 3 번 체쳐주세요. 전기 믹서가 있는 큰 그릇에 계란 흰자를 거품이 날 때까지 소금과 함께 휘젓습니다. 타르타르 크림을 넣고 부드러운 봉우리가 될 때까지 치십시오. 한 번에 조금씩 설탕 $\frac{1}{2}$ 컵을 치십시오.

b) 바닐라와 아몬드 추출물을 추가하고 흰자를 뻣뻣한 봉우리가 될 때까지 치십시오. 나머지 ½ 컵 설탕을 한 번에 조금씩 접습니다. 흰자위의 밀가루를 4 회에 걸쳐 체질하고 체질할 때마다 부드럽게 접습니다. 코코넛을 접습니다.

c) 반죽을 3½ 안치 깊이의 9 안치 튜브 팬에 넣습니다. 예열된 275f 오븐에서 1 시간 30 분 동안 굽습니다.

d) 팬에 케이크를 병 목에 거꾸로 매달고 90-120 분 동안 또는 완전히 식을 때까지 식힙니다. 날카로운 칼로 케이크를 풀고 랙에서 꺼내 케이크 접시에 뒤집습니다.

e) 금속 그릇에 설탕, 달걀 흰자, 제스트, 주스, 옥수수 시럽, 소금 한 꼬집을 함께 휘젓습니다. 끓는 물 위에 그릇을 놓고 사탕 온도계에 140f 를 기록할 때까지 저으면서 요리합니다.

f) 열에서 팬을 제거하고 혼합물을 뜨거운 물 위에서 3 분 동안 휘젓습니다. 그릇을 물에서 꺼내고 전기 믹서를 사용하여 프로스팅을 고속으로 7-10 분 동안 또는 차가워지고 뻣뻣한 꼭지가 붙을 때까지 휘젓습니다.

g) 프로스팅으로 케이크의 상단과 측면을 펼치고 구운 코코넛으로 외부를 코팅합니다.

45. 코코넛 사과 사각형

분량: 3 인분

재료:

- 버터 ½ 컵
- 흑설탕 ½ 컵
- 바닐라 1 티스푼
- 1½ 컵 체로 쳐진 말가루
- 소금 ¼ 작은술
- 1⅓ 컵 플레이크 코코넛
- 21 온스 애플 파이 필링
- 레몬즙 1 큰술
- 계피 ½ 작은술
- 메이스 ¼ 작은술

지침:

a) 부드러워진 버터, 설탕, 바닐라를 치십시오. 말가루와 소금을 함께 체로 치고 크림 혼합물로 저어줍니다.

b) 코코넛을 넣고 잘 섞는다.

c) 기름칠한 8 x 8 x 2 팬에 절반을 넣습니다. 남은 재료를 결합하고 팬에 코코넛을 숟가락으로 떠서 넣습니다.

d) 남은 코코넛 혼합물을 얹고 가볍게 두드려줍니다.

e) 375 도에서 20~25 분간 굽습니다. 아이스크림으로 따뜻하게 드십시오.

46. 코코넛 살구 스트립

만들다: 1 인분

재료:

- $\frac{1}{2}$ 컵 쇼트닝, 반 버터
- 제과용 설탕 $\frac{1}{2}$컵
- 달걀 노른자 2 개
- 밀가루 1 컵
- $\frac{1}{2}$ 컵 두꺼운 살구 보존 식품
- $\frac{1}{2}$ 컵 두꺼운 파인애플 보존 식품
- 코코넛 머랭

지침:

a) 오븐을 350 도로 예열합니다. 쇼트닝, 설탕, 노른자를 잘 섞습니다.

b) 밀가루를 설탕 혼합물에 저어줍니다. 기름칠하지 않은 직사각형 팬의 바닥을 덮도록 누르고 평평하게 합니다.

c) 10 분간 굽습니다. 오븐에서 꺼내 보존 식품을 펼친 다음 머랭을 바르십시오.

d) 다시 오븐에 넣고 머랭이 황금빛 갈색이 될 때까지 약 20 분간 굽습니다.

e) 약간 식히고 작은 막대로 자릅니다.

47. 코코넛 비스킷 쇼트케이크

분량: 6 인분

재료:

- 2⅓컵 비스퀵 베이킹 믹스
- 설탕 3 큰술
- 녹인 마가린 또는 버터 3 큰술
- 계피 가루 ½작은술
- 살짝 구운 코코넛 플레이크 ¾컵
- 우유 ½컵
- 설탕 1 큰술
- 신선한 딸기 1 쿼트
- 휘핑 크림 ¾컵
- 알갱이 설탕 또는 가루 설탕 2 큰술

지침:

a) 오븐을 425 도로 가열합니다. 베이킹 믹스, 설탕 3 큰술, 마가린, 계피, 코코넛, 우유를 부드러운 반죽이 될 때까지 섞습니다.

b) 베이킹 믹스를 살짝 뿌린 표면에 놓고 베이킹 믹스를 부드럽게 굴려 코팅합니다. 반죽을 동그랗게 빚어 8~10 회 치대줍니다. $\frac{1}{2}$ 인치 두께의 반죽을 두드리거나 굴립니다. 설탕 1 큰술을 뿌린다.

c) 베이킹 믹스에 담근 3 인치 커터로 자릅니다. 기름칠하지 않은 쿠키 시트에 놓습니다.

d) 10-12 분 동안 또는 황금빛 갈색이 될 때까지 굽습니다. 식힌 중간 그릇에 휘핑 크림과 설탕 2 큰술을 넣고 뻣뻣해질 때까지 고속으로 휘젓습니다.

e) 따뜻한 쇼트케이크를 나누어 속을 채우고 그 위에 베리를 얹습니다.

f) 휘핑 크림을 얹습니다.

48. 코코넛 봉봉

만들다: 1 인분

재료:

- 가당 연유 15 온스
- 버터 또는 마가린 $\frac{1}{2}$ 컵
- 제과용 설탕 2 컵
- 강판에 간 건조된 코코넛 12 온스
- 살짝 달콤한 초콜릿 24 온스
- 쇼트닝 4 큰술

지침:

a) 연유, 버터, 설탕, 코코넛을 섞는다. 왁스 페이퍼로 덮고 24 시간 동안 식힙니다.

b) 쇼트닝으로 초콜릿을 녹입니다. 코코넛 혼합물을 볼에 넣고 포크로 초콜릿에 담급니다. 식히고 건조시키기 위해 왁스 종이에 떨어 뜨립니다.

49. 코코넛 비스킷

만들다: 1 인분

재료:
- 밀가루 2¼컵
- 베이킹파우더 1 스푼
- 베이킹 소다 ½작은술
- 소금 ½작은술
- 조각조각 자른 버터 5 큰술
- 코코넛 밀크 1 컵
- 가당 코코넛 1 컵, 토스트 및 강판
- 다진 말린 파파야 ½컵
- 녹인 버터 2 큰술

지침:

a) 마른 재료를 체로 치십시오. 버터를 넣고 부드럽게 섞는다. 코코넛 밀크와 코코넛을 넣고 토핑용 3 큰술을 빼고 파파야를 넣습니다.

b) 필요한 경우 추가 우유를 추가하여 함께 저어줍니다. 30 초 동안 가볍게 치대고 ¾인치로 굴립니다. 커터로 2 인치 라운드를 펀칭합니다.

c) 가볍게 버터를 바른 시트에 놓고 비스킷의 윗부분에 버터를 바르고 코코넛 윗부분을 바릅니다.

d) 450 도로 예열된 오븐에 12~15 분간 굽는다.

50. 코코넛 벨

만들다: 1 인분

재료:

- $\frac{1}{2}$ 컵 쇼트닝, 파트 버터
- 흑설탕 1 컵
- 계란 1 개
- 바닐라 $\frac{1}{2}$ 티스푼
- 레몬 추출물 $\frac{1}{4}$ 작은술
- 우유 2 큰술
- 밀가루 1 컵
- 소금 $\frac{1}{2}$ 작은술
- 베이킹 파우더 2 티스푼
- $\frac{1}{3}$ 컵 잘게 썬 코코넛
- 잘게 다진 설탕에 절인 것 2 큰술
- 오렌지 껍질

지침:

a) 오븐을 325 도로 가열합니다. 쇼트닝, 설탕, 계란, 바닐라, 추출물 및 우유를 섞습니다.

b) 밀가루, 소금 및 가루를 저어주세요.

c) 코코넛과 껍질을 섞습니다.

d) 기름을 살짝 두른 사각 팬에 펴 바릅니다.

e) 30-35 분 동안 굽습니다.

f) 따뜻할 때 막대 모양으로 자릅니다.

51. 코코넛 브라우니

분량: 16 인분

재료:

● 버터 ½컵
● 설탕 2 컵
● 계란 4 개
● 바닐라 3 티스푼
● 1½ 컵 체로 쳐진 밀가루
● 무가당 코코아 ½컵
● 소금 ½작은술
● 1 컵 플레이크 코코넛
● ½ 컵 초콜릿 칩
● 설탕 2 큰술
● 다진 호두 ½컵

지침:

a) 약한 불에 버터를 녹인 후 꺼냅니다. 설탕 2c 를 넣는다. 이기다.

b) 계란과 바닐라를 추가합니다. 혼합하다.

c) 밀가루, 코코아 및 소금을 첨가하십시오. 혼합. 코코넛을 저어주세요.

d) 기름칠한 13x9" 팬에 붓습니다. 나머지 재료를 위에 뿌립니다.

e) 350F 에서 30 분간 굽습니다. 팬에서 식히고 막대로 자릅니다.

52. 코코넛 버터스카치 칩

제조사: 3 다스

재료:

- 다목적 밀가루 1½ 컵
- 베이킹 소다 ½작은술
- ½ 컵 버터 또는 쇼트닝
- 단단하게 포장된 흑설탕 ½컵
- 버터스카치 푸딩 믹스 1 팩
- 계란 1 개
- ½ 컵 플레이크 코코넛

지침:

a) 밀가루와 베이킹 소다를 섞는다. 크림 버터와 설탕과 푸딩 믹스에서 차십시오.

b) 계란을 넣고 잘 섞는다. 밀가루 혼합물을 저어주세요.

c) 직경 약 1 인치의 작은 공 모양으로 만듭니다. 코코넛 롤.

d) 기름칠하지 않은 과자 굽는 판에 놓고 밀가루에 담근 유리 바닥으로 누릅니다.

e) 화씨 350 도에서 10 분간 굽습니다.

f) 시트에서 꺼내 랙에서 식힙니다.

53. 코코넛 캐러멜

만들다: 1 인분

재료:

- 흑설탕 3 컵
- 우유 1 컵
- 버터 1 티스푼
- 코코넛 1 컵

지침:

a) 흑설탕 1 컵을 녹입니다. 우유, 남은 흑설탕, 버터를 넣습니다.

b) 소프트볼에 끓입니다. 코코넛을 추가합니다. 왁스 종이에 티스푼에서 두들겨 떨어 뜨립니다. 시원한

54. 코코넛 샬롯

분량: 16 인분

재료:

- 우유 2 컵
- 설탕 1 컵
- 순수 바닐라 추출물 $\frac{1}{2}$ 티스푼
- 계란 노른자 5 개
- 옥수수 전분 $\frac{1}{4}$ 컵
- 물 $\frac{1}{4}$ 컵
- 가당 코코넛 플레이크 1 컵
- 버터 1 큰술
- 젤라틴 $1\frac{1}{2}$ 큰술
- 물 4 큰술
- 1 레시피 스펀지 케이크
- 따뜻한 딸기잼 2 컵
- $\frac{1}{2}$ 컵 휘핑 헤비 크림
- 가당 휘핑 크림 $1\frac{1}{2}$ 컵

지침:

a) 들러붙지 않는 냄비에 중불에서 우유, 설탕, 바닐라를 섞습니다. 설탕을 녹이기 위해 털다. 혼합물이 부드럽게 끓으면 우유-설탕 혼합물 1 컵을 노른자에 추가합니다. 잘 섞이도록 저어주세요. 계란 혼합물을 우유 혼합물에 담급니다.

b) 중간 불에서 약간 걸쭉해질 때까지 4~5 분간 가끔 저어가며 끓입니다. 옥수수 전분을 물에 녹입니다.

c) 중불에서 이 혼합물을 냄비에 천천히 넣고 1 분 동안 계속 저어줍니다. 나무 숟가락을 사용하여 약 2 분 동안 계속 저어줍니다.

d) 코코넛을 넣고 2 분 더 계속 저어줍니다.

e) 버터를 넣고 완전히 녹을 때까지 저어주고 혼합물이 커스터드처럼 걸쭉해질 때까지 약 2 분간 저어줍니다. 젤라틴을 물에 풀어서 뜨거운 커스터드에 넣고 저어줍니다.

f) 혼합물을 유리 그릇에 붓습니다. 플라스틱 랩으로 덮고 커스터드 표면을 랩으로 눌러 피부가 형성되는 것을 방지합니다. 가끔 저어주면서 완전히 식히고 최소 4 시간 동안 식힙니다.

g) 스펀지 케이크를 종이에서 조심스럽게 벗겨냅니다. 신선한 양피지에 케이크를 놓습니다. 케이크를 여러 번 굴렸다가 펼칩니다. 주걱을 사용하여 스펀지 케이크 위에 잼을 고르게 펴 바릅니다.

h) 아래에 있는 종이를 사용하여 조심스럽게 케이크를 단단히 굴립니다. 약 1 시간 동안 굳을 때까지 냉장 보관합니다. 냉장고에서 꺼내 $\frac{3}{4}$ 인치 원형 조각으로 자릅니다. 얕은 9 인치 스틸 링과 베이킹 시트에 버터를 바르십시오. 링의 양쪽 측면과 하단에 케이크 조각을 겹치지 않게 단단히 포장합니다. 코코넛 혼합물에 휘핑 크림을 접습니다.

i) 코코넛 혼합물을 틀에 숟가락으로 담습니다. 플라스틱 랩으로 덮고 굳을 때까지 약 3 시간 동안 냉장 보관합니다. 냉장고에서 꺼내 유리 서빙 플래터로 뒤집습니다. 몰드를 개별 서빙으로 자르고 달콤한 휘핑 크림과 민트로 장식합니다.

55. 코코넛 구름

만들다: 1 인분

재료:

- 2⅔ 컵 플레이크 코코넛, 분할
- 옐로우 케이크 믹스 1 팩
- 계란 1 개
- 식물성 기름 ½컵
- 물 ¼컵
- 아몬드 추출물 1 티스푼

지침:

a) 오븐을 350 도로 예열합니다. 따로 둡니다. 1⅓코코넛 컵

b) 큰 그릇에 케이크 믹스, 계란, 기름, 물, 아몬드 추출물을 섞습니다.

c) 전기 믹서로 저속으로 치십시오. 나머지 1 개를 섞어⅓여약 코코넛 컵 준비된 코코넛에 둥근 티스푼의 반죽을 떨어뜨리고 가볍게 덮어 덮습니다. 기름칠하지 않은 과자 굽는 판에 놓으십시오.

d) 나머지 반죽으로 반복하여 볼을 2 안치 간격으로 배치합니다. 10~12 분 또는 밝은 황금빛 갈색이 될 때까지 굽습니다. 베이킹 시트에서 1 분간 식힙니다.

e) 냉각 랙으로 제거하십시오. 콜 완전히. 밀폐 용기에 보관하십시오.

56. 코코넛 크리스페트

분량: 6 인분

재료:

- 달걀 흰자 3 개
- 콘플레이크 2 컵
- 잘게 썬 코코넛 $\frac{1}{2}$ 컵
- 바닐라 1 티스푼
- 설탕 1 컵

지침:

a) 달걀 흰자를 뻣뻣하게 휘젓고 다른 재료를 넣습니다.

b) 기름칠한 깡통에 티스푼으로 떨어뜨립니다.

c) 적당히 뜨거운 오븐에 굽습니다.

d) 375 도에서 15 분간 굽습니다.

57. 코코넛 건초 데미

만들기: 1 인분

재료:

- 2¼ 컵 가당 코코넛 플레이크
- 8 온스의 달콤씁쓸한 초콜릿, 잘게 썬 것

지침:

a) 오븐을 화씨 350 도로 예열합니다. 베이킹 트레이에 코코넛을 한 겹으로 놓습니다.

b) 황금빛 갈색이 될 때까지 약 10 분간 굽습니다. 가장자리가 가운데보다 더 빨리 구워지므로 색이 고르게 변하도록 몇 분마다 코코넛을 저어주세요.

c) 그릇 바닥이 물에 닿지 않도록 이중 보일러에서 뜨거운 물 위에 초콜릿을 녹입니다.

d) 열에서 초콜릿을 제거하고 부드러워 질 때까지 휘젓습니다. 코코넛을 저어주세요.

e) 건초 더미당 약 1 테이블스푼을 사용하여 혼합물을 1½ 인치 높이의 더미로 만듭니다.

f) 베이킹 시트에 올려 놓으십시오. 약 30 분간 굳을 때까지 냉장 보관합니다.

58. 딸기 코코넛 치아 푸딩

만든다: 2

재료:
- 딸기 1 컵
- 증발 코코넛 밀크 1 컵
- 귀리 우유 1 컵
- 치아씨드 3 큰술
- 단맛을 내는 메이플 시럽

지침:
a) 뚜껑이 있는 용기에 치아씨드와 귀리 우유를 함께 저어줍니다.
b) 10 분 더 휘저은 다음 뚜껑을 덮고 밤새 또는 최소 3-4 시간 동안 식힙니다.
c) 블렌더에 증발된 코코넛 밀크와 딸기를 넣고 크림처럼 될 때까지 갈아줍니다.
d) 서빙 유리나 그릇에 담긴 치아 푸딩 위에 딸기 액체를 붓습니다.
e) 옵션으로 메이플 시럽을 원하는 만큼 추가하여 맛의 균형을 맞출 수 있습니다.

59. 코코넛 오트밀 쿠키

만들다: 24

재료:

- 1 ¼ 컵 글루텐 프리 압연 귀리
- 비유제품 우유 ¼ 컵
- 코코넛 설탕 ½ 컵
- 갈은 아마씨 2 작은술
- 야채 육수 6 큰술
- 아몬드 버터 1/3 컵
- 잘게 썬 코코넛 ½ 컵
- 바닐라 익스트랙 1 티스푼
- 소금 ¼ 티스푼

침:

a) 오븐을 325 °F 로 예열합니다.

b) 냄비에 비유제품 우유와 갈은 아마씨를 함께 휘젓으면서 계속 저어줍니다. 혼합물이 끓으면 불을 끄고 따로 보관합니다.

c) 믹싱볼에 메이플 시럽의 절반, 야채 육수, 아몬드 버터를 섞습니다.

d) 아마 혼합물, 소금, 바닐라 추출물을 섞습니다. 귀리, 코코넛, 남은 시럽을 잘 섞일 때까지 섞습니다. 반죽이 아주 걸쭉해질 때까지 기다리세요.

e) 국자나 숟가락으로 약 2 인치 간격으로 베이킹 시트에 반죽을 퍼냅니다.

f) 바닥이 옅은 갈색이 될 때까지 굽고 서빙하기 전에 완전히 식힙니다.

60. 호박 머핀

만든다: 12

재료:

- 15oz 100% 호박 퓨레
- 무가당 식물성 우유 1/3 컵
- 아몬드 가루 2 컵
- 베이킹 파우더 1 티스푼
- 무가당 사과 소스 1/3 컵
- 코코넛 설탕 2/3 컵
- 바닐라 2 티스푼
- 계피 3 작은술
- 베이킹 소다 1 티스푼
- 다진 호박씨
- 소금 한 꼬집

지침:

a) 아몬드 가루, 베이킹 파우더, 메이플 시럽, 계피, 베이킹 소다, 소금을 중간 크기의 믹싱 볼에 넣고 섞습니다.

b) 호박 퓨레, 비유제품 우유, 사과 소스, 바닐라를 섞습니다. 과도한 혼합을 피하십시오.

c) 12 컵 머핀 틀 가장자리에 반죽을 한 번에 큰 스푼 하나씩 채웁니다.

d) 오븐 중앙 선반에서 최소 20~25 분 동안 굽습니다.

e) 다 익었는지 확인하기 위해 이쑤시개를 중앙에 꽂습니다. 익히지 않은 흔적이 없어야 합니다.

f) 서빙하기 전에 머핀을 몇 분 동안 완전히 식히십시오.

61. 헤이즐넛 로즈마리 브리틀

만든다: 10

재료:

- 굵게 다진 구운 헤이즐넛 2/3 컵
- 가벼운 옥수수 시럽 2 큰술
- 잘게 썬 신선한 로즈마리 잎 1 ½ 티스푼
- 코코넛 설탕 2 컵
- 물 1 컵
- 고운 소금 ½ 작은술

지침:

a) 양피지에 과자 굽는 판을 놓고 옆에 두십시오.

b) 바닥이 두꺼운 냄비에 옥수수 시럽, 메이플 시럽, 물을 중불로 가열합니다.

c) 혼합물이 최소 3 분 동안 끓을 때까지 자주 저어줍니다.

d) 20 분 더 익힌다. 가끔 팬을 휘젓되 짙은 호박색이 잘 섞일 때까지 젓지 마십시오.

e) 열에서 팬을 꺼내고 헤이즐넛, 로즈마리, 소금을 저어줍니다.

f) 베이킹 시트에 붓고 고무 주걱으로 골고루 펼칩니다.

g) 완전히 굳을 때까지 식힌 후 손으로 부숴주세요.

62. 크랜베리 오렌지 소스

만든다: 8

재료:

오렌지 주스 1 컵

크랜베리 4 컵

코코넛 설탕 1 컵

지침:

재료를 결합하십시오.

냄비에 센 불로 끓입니다. 크랜베리가 터질 때까지 기다리십시오.

스토브에서 약불로 줄이고 10-15 분 동안 요리할 수 있도록 합니다. 가끔 모든 재료가 잘 섞이도록 저어줍니다.

크랜베리 소스를 서빙하기 전에 식히거나 최대 1 주일 동안 냉장고에 보관하십시오.

63. 가장 쉬운 아보카도 브라우니

만든다: 16

재료:

- 잘 익은 중간 크기 아보카도 2 개
- 무가당 천연 코코아 가루 $\frac{1}{3}$ 컵
- 코코넛 설탕 3/4 컵
- 아몬드 가루 $\frac{1}{2}$ 컵
- 베이킹 파우더 1 티스푼
- 코셔 소금 $\frac{1}{4}$ 티스푼
- 요리 용 스프레이

지침:

a) 오븐을 중앙에 선반을 두고 350 °F 로 예열하세요.

b) 8 x 8 인치 베이킹 팬에 야채 국물을 뿌립니다.

c) 푸드 프로세서에 아보카도, 코코아 가루, 코코넛 설탕, 베이킹 파우더, 소금을 넣고 섞습니다. 12~15 회 또는 부드러워질 때까지 사용합니다.

d) 밀가루와 펄스를 8~10 회 또는 완전히 섞일 때까지 추가합니다.

e) 팬에 반죽을 고르게 펴줍니다. 45 분 동안 또는 팬의 가장자리가 양쪽에서 당겨지기 시작할 때까지 굽습니다.

f) 썰고 서빙하기 전에 완전히 식히십시오.

64. 라즈베리 피치 파이

만든다: 8

재료:

- 아몬드 가루 1 $\frac{1}{4}$ 컵
- 쇼트닝 1/3 컵
- 찬물 $\frac{1}{4}$ 컵
- 소금 $\frac{1}{2}$ 작은술
- 충전재
- 신선한 산딸기 3 컵
- $\frac{1}{4}$ 컵 옥수수 전분
- 껍질을 벗기고 얇게 썬 중간 크기의 복숭아 4 개
- 코코넛 설탕 1 1/3 컵
- 물 1/3 컵
- 레몬즙 5 티스푼

지침:

a) 아몬드 가루 1 $\frac{1}{4}$ 컵과 소금 $\frac{1}{2}$ 티스푼을 큰 믹싱 볼에 넣습니다.

b) 혼합물이 거친 부스러기와 비슷해질 때까지 쇼트닝을 넣으십시오. 물을 넣고 혼합물이 공 모양이 될 때까지 저어줍니다.

c) 파이 크러스트를 말아서 9 인치 파이 접시에 맞춥니다.

d) 파이 접시로 옮기고 가장자리를 다듬습니다. 두 배 두께의 헤비 듀티 호일로 찌르지 않은 페이스트리 시트에 줄을 긋습니다.

e) 마른 콩, 생 쌀 또는 파이 무게로 용기를 채우십시오.

f) 450 °F 로 예열한 오븐에서 8 분 동안 굽습니다.

g) 호일을 제거한 후 5~7 분 더 굽거나 황금빛 갈색이 될 때까지 굽습니다.

h) 큰 냄비에 복숭아, 메이플 시럽, 레몬 주스를 섞습니다.

i) 옥수수 전분과 물을 부드러워질 때까지 섞습니다. 복숭아 혼합물을 섞는다.

j) 적어도 1 분 동안 또는 걸쭉해질 때까지 계속 저으면서 끓여서 요리합니다.

k) 식을 때까지 기다리십시오. 라즈베리를 접은 다음 숟가락으로 파이 크러스트에 넣습니다.

l) 최소 4 시간, 바람직하게는 밤새 냉장 보관합니다. 남은 음식은 냉장 보관하세요.

65. 자몽 그라니타를 곁들인 시트러스 콩포트

만든다: 6

재료:

- 작은 자몽 2 개
- 루비 레드 자몽 주스 1 $\frac{1}{2}$ 컵
- 석류씨 1/3 컵
- 물 $\frac{1}{2}$ 컵
- 코코넛 설탕 $\frac{1}{2}$ 컵
- 작은 네이블 오렌지 2 개
- 클레멘타인 2 개

지침:

a) 작은 팬에 물과 메이플 시럽을 넣고 끓입니다.

b) 따로 보관하고 몇 분 동안 식히십시오.

c) 자몽 주스를 넣고 잘 섞는다. 8 인치 사각 접시에 옮겨 1 시간 동안 얼립니다.

d) 포크로 저어 완전히 얼 때까지 2-3 시간 더 얼립니다. 30 분마다 저어줍니다.

e) 각 오렌지에는 위와 아래에서 얇게 자른 슬라이스가 있어야 합니다. 칼을 사용하여 오렌지에서 껍질과 바깥층을 제거합니다.

f) 껍질을 벗기고 조각낸 클레멘타인을 오렌지와 자몽에 추가해야 합니다. 석류씨를 부드럽게 저어주세요.

g) 서빙하려면 포크를 사용하여 그라니타를 저어줍니다. 그라니타와 과일 혼합물을 번갈아 가며 6 개의 디저트 그릇으로 만듭니다.

66. 바나나 카놀리

분량: 8 인분

재료:

카놀리

- 바나나 4 개
- 레몬즙 3 큰술
- 아마씨 가루 2 큰술

충전재

- 캐슈넛 1 컵
- 코코넛 과육 $\frac{1}{2}$ 컵
- 바닐라 1 스플래시
- 꿀 2 큰술
- 베리 1 개(선택사항)

지침:

a) 전날 밤: 캐슈넛을 물에 담가 8-12 시간 동안 그대로 둡니다.

b) 전날 밤: 잘 익은 바나나와 레몬즙을 믹서기에 넣고 잘 섞는다. 반죽을 그릇에 담습니다.

c) 갈은 아마씨를 첨가하십시오. 잘 섞다.

d) 큰 스푼을 사용하여 반죽을 베이킹 시트에 5 인치의 얇은 원형으로 놓습니다. 가장 낮은 설정에서 함께 고정되지만 유연해질 때까지 건조합니다. 운이 좋은 탈수기 소유자라면 배터를 teflex 시트에 놓고 밤새 탈수합니다.

e) 카놀리를 즐기고 싶은 날: 필링 재료를 블렌더에 넣고 조각 없이 사워 크림 농도가 될 때까지 갈아줍니다.

f) 베이킹 시트에서 바나나 라운드를 껍질을 벗기고 캐슈넛 필링을 느껴보세요.

g) Cannolis 는 약 하루 동안 냉장고에 보관할 수 있습니다. 캐슈 필링은 2-3 일 동안 보관할 수 있습니다.

67. 버팔로 치킨 딥

재료:

- 1(8 온스) 패키지 크림 치즈
- $\frac{1}{3}$ 프랭크의 레드 핫 소스 컵
- $\frac{3}{4}$ 지방 통조림 코코넛 밀크 컵
- 잘게 썬 닭고기 $1\frac{1}{2}$ 컵
- 삼/조각 모짜렐라 치즈 4 컵
- $\frac{1}{2}$ 컵 블루 치즈 크럼블

지침:

a) 중간 냄비에 크림 치즈를 넣고 녹을 때까지 중불에서 가열합니다. 핫 소스와 코코넛 밀크를 저어주세요.

b) 결합되면 가열될 때까지 닭고기를 추가합니다.

c) 열에서 제거하고 $\frac{1}{2}$ 컵 모짜렐라 치즈와 블루 치즈 크럼블을 저어줍니다.

d) 8" × 8" 베이킹 접시에 옮기고 남은 모짜렐라 치즈를 위에 뿌립니다. 15 분 동안 또는 치즈가 거품이 일 때까지 굽습니다. 따뜻하게 서빙하십시오.

68. 더블 초콜릿 젤라또

만든다: 4-6

재료:

- 헤비 크림 $\frac{1}{2}$ 컵
- 우유 2 컵
- 설탕 3/4 컵
- 소금 $\frac{1}{4}$ 티스푼
- 고품질 다크 초콜릿 7 온스
- 바닐라 익스트랙 1 티스푼
- 코코넛 버터

지침:

첫 번째 단계는 초콜릿을 녹인 다음 잠시 식히는 것입니다. 우유, 크림, 버터를 그릇에 넣고 잘 섞일 때까지 섞습니다.

a) 거품기와 소금을 사용하여 설탕을 섞습니다. 설탕과 소금이 녹을 때까지 약 4 분 동안 계속 휘젓습니다. 그런 다음 바닐라 추출물을 섞습니다.

b) 마지막으로 초콜릿이 잘 섞일 때까지 섞는다. 재료를 아이스크림 메이커에 붓고 25 분 동안 저어줍니다.

c) 젤라또를 밀폐 용기에 넣고 원하는 만큼 최대 2 시간 동안 냉동실에 보관합니다.d 일관성에 도달했습니다.

69. 체리- 딸기 젤라또

만든다: 4-6

재료:

- 헤비 크림 ½컵
- 우유 2 컵
- 설탕 3/4 컵
- 코코넛 버터
- 슬라이스 딸기 1 컵
- 바닐라 추출물 1 큰술

지침:

a) 블렌더를 사용하여 딸기를 완전히 퓨레로 만듭니다. 우유, 크림, 버터를 그릇에 넣고 잘 섞일 때까지 섞습니다. 거품기를 이용하여 설탕을 섞어주세요.

b) 설탕이 녹을 때까지 약 4 분간 계속 저어줍니다. 그런 다음 바닐라 추출물과 딸기 퓨레를 섞습니다.

c) 재료를 아이스크림 메이커에 붓고 25 분 동안 저어줍니다.

d) 젤라또를 밀폐 용기에 넣고 원하는 농도가 될 때까지 최대 2 시간 동안 냉동실에 보관합니다..

70. 코코넛 젤라또

만든다: 1

재료:

- 계란 노른자 5 개
- 코코넛 밀크 2 컵
- 설탕 1 컵
- 헤비 크림 1 컵
- 소금 1 티스푼
- 바닐라 1 티스푼
- 하나의 신선한 코코넛에서 추출한 코코넛 물
- 잘게 썬 달콤한 코코넛 $\frac{1}{2}$ 컵

지침:

a) 달걀 노른자, 신선한 코코넛의 코코넛 물, 중간 크기의 냄비에 설탕을 넣고 설탕이 녹을 때까지 가열합니다. 코코넛 밀크, 소금, 크림을 넣고 섞일 때까지 휘젓습니다.

b) 걸쭉해질 때까지 8~10 분 동안 계속 저으면서 중불에서 요리합니다.

c) 열에서 제거하십시오.

d) 코코넛 플레이크와 바닐라 혼합물을 액체에 저어줍니다. 고운 스트레이너를 통해 플라스틱 그릇에 붓습니다. 덮고 밤새 냉장 보관하십시오.

e) 제조업체의 지침에 따라 아이스크림 제조기에 혼합물을 넣습니다.

f) 서빙할 준비가 될 때까지 얼립니다.

71. 파인애플과 코코넛 젤라또

만든다: 1

재료:

- 코코넛 밀크 2 컵
- 계란 노른자 5 개
- 설탕 1 컵
- 헤비 크림 1 컵
- 소금 1 티스푼
- 바닐라 1 티스푼
- 으깬 파인애플 통조림 1~20 온스 - 물을 버리지 마십시오
- 갈가리 찢고 달게 한 코코넛 $\frac{1}{2}$ 컵

지침:

a) 중간 냄비에 계란 노른자와 설탕을 넣고 휘젓고 설탕이 녹을 때까지 가열합니다. 코코넛 밀크, 소금, 크림을 넣고 섞일 때까지 휘젓습니다.

b) 걸쭉해질 때까지 8~10 분 동안 계속 저으면서 중불에서 요리합니다.

c) 열에서 제거하십시오.

d) 으깬 파인애플, 통조림 파인애플 주스, 바닐라, 잘게 썬 코코넛을 푸드 프로세서에 넣습니다. 혼합될 때까지 처리하고 액체로 저어줍니다. 고운 스트레이너를 통해 플라스틱 그릇에 붓습니다. 덮고 밤새 냉장 보관하십시오.

e) 제조업체의 지침에 따라 아이스크림 제조기에 혼합물을 넣습니다.

f) 서빙할 준비가 될 때까지 얼립니다.

72. 리치&파인애플 젤라또

분량: 10 인분

재료:

- 신선한 리치 18 피스
- 신선한 파인애플 1/3 컵(잘라낸 것)
- 레몬 주스 1 티스푼
- 1 캔 스위트 연유 (14oz, 397g)
- 코코넛 밀크 1 캔(13.5fl oz, 400ml)

지침:

a) 껍질을 벗긴 리치와 파인애플을 믹서기에 넣고 퓌레를 만들고 레몬즙을 넣는다.

b) 레몬 주스를 추가하십시오.

c) 달콤한 연유와 코코넛 밀크를 넣고 잘 섞어주세요.

d) 용기에 붓습니다. 그리고 냉장고에 최소 8 시간 이상 넣어두세요.

e) 2 시간마다 포크로 최소 2 번 섞어주세요.

f) 숟가락으로 아이스크림을 떠먹는다. 즐기다!

73. 코코넛 파인애플 트로피컬 젤라또

재료:

- 계란 1 개
- 설탕 50 그램
- 코코넛 밀크 250ml
- 헤비 크림 200ml
- 전체 파인애플의 $\frac{1}{2}$ 신선한 파인애플
- 1 럼

지침:

크림을 휘젓는 데 사용할 같은 그릇에 모든 재료를 함께 섞을 것이기 때문에 가장 큰 그릇을 사용하세요.

계란 노른자와 흰자를 분리합니다. 계란 흰자와 설탕 반을 사용하여 딱딱한 메렝게를 만드십시오. 나머지 절반의 설탕을 달걀 노른자와 결합하고 흰색이 될 때까지 섞습니다.

약간 부드러운 봉우리가 형성될 때까지 헤비 크림을 휘핑합니다. 코코넛밀크를 넣고 가볍게 섞어주세요.

파인애플을 잘게 자르거나 블렌더(예: Bamix 핸드믹서)로 으깨서 약간 거친 페이스트로 만듭니다.

이 시점에서 준비가 완료되었습니다. 너무 정확할 필요는 없습니다. 무거운 크림과 코코넛 밀크의 그릇에 모든 것을 섞으십시오. 메랭도 넣고 잘 섞어주세요.

타파웨어 상자에 붓고 얼려서 마무리합니다. 중간에 젓지 않아도 됩니다.

파인애플을 다져 부드러운 페이스트로 만들면 더 실키하고 진짜 젤라또처럼 됩니다.

젤라또를 퍼서 접시에 담은 후 작은 럼주를 뿌립니다. 피냐 콜라다 칵테일처럼 놀라운 맛입니다.

74. 코코아 크런치

재료:

- 활성화되고 건조된 메밀 3 컵
- 카카오닙스 1 컵
- 건포도 1 컵
- 코코아 페이스트 1 컵(고체 덩어리 240g)
- 코코아 버터 2 컵(고형 버터 480g)
- 루쿠마 가루 $\frac{1}{2}$ 컵
- 코코넛 설탕 1 컵
- 소금 $\frac{1}{2}$ 작은술

지침:

a) 코코아를 녹이기 전에 메밀, 펜촉, 건포도를 냉동실에 넣습니다.

b) 코코아 버터와 코코아 페이스트를 따뜻한 물과 함께 이중 보일러 또는 이중 보일러를 사용하여 함께 녹입니다.

c) 루쿠마, 코코넛 설탕, 소금을 넣고 잘 섞일 때까지 부드럽게 저어줍니다.

d) 열을 제거하십시오.

e) 시원한 메밀, 건포도, 펜촉을 섞습니다.

f) 계속 휘젓다.

g) 모든 것이 식으면서 전체 혼합물이 걸쭉해지기 시작합니다.

h) 이 시점에서 손으로 매우 빠르게 작업하면서 코팅된 혼합물을 원하는 트레이에 부어 넣습니다(저희는 단단한 시트 건조기 트레이를 사용합니다). 이제 그래놀라는 실온으로 설정되지만 냉장고나 냉동고에서 약 15 분 동안 식혀서 프로세스 속도를 높일 수 있습니다.

i) 서늘하고 어두운 곳에 밀폐 용기에 보관하십시오. 여름에는 냉장고에 보관하십시오.

j) 3 리터 병을 채웁니다.

메인 코스

75. 아보카도 베이글 샌드위치

만든다: 1

재료:

크림 치즈

¼ 컵 코코넛 크림

레몬즙 2 큰술

불린 생 캐슈 1 컵

양파 가루 1 티스푼

백식초 2 작은술

다진 파 3 개

소금 ¼ 티스푼

베이글 샌드위치

식물성 베이글 1 개

껍질을 벗기고 씨를 빼고 으깬 아보카도 1/3 개

껍질을 벗기고 얇게 썬 중간 크기 오이 1/3 개

유제품이 없는 파 크림 치즈 2 큰술

생 시금치 ¼ 컵

지침:

캐슈넛을 바로 불리지 않았다면 끓는 물에 캐슈넛을 넣어 즉시 불린 후 불을 끄고 30 분 동안 담가둡니다.

캐슈넛은 깨끗이 씻어 물기를 빼주세요.

캐슈넛, 코코넛 크림, 백식초, 레몬즙, 소금, 양파 가루, 파를 푸드 프로세서에 넣고 섞습니다.

최소 30 초 동안 처리하고 혼합물을 1~3 분 동안 또는 부드러워질 때까지 저어줍니다.

베이글을 굽고 유제품이 함유되지 않은 크림치즈를 양면에 바릅니다.

한쪽에 오이를 겹겹이 쌓은 다음 으깬 아보카도를 얹습니다.

아보카도 위에 시금치를 얹고 베이글의 나머지 절반을 얹습니다.

76. 코코넛 양배추 수프

만든다: 2

재료:

- 채소
- 다진 당근 2 개
- 다진 양파 ½컵
- 잘게 썬 양배추 1 컵
- 단백질
- 빨간 렌틸콩 ½컵
- 지방
- 코코넛 밀크 ½컵
- 야채 육수 1 작은술
- 조미료
- 레드 카레 페이스트 ½작은술
- 다진 마늘 2 쪽
- 야채육수 1 컵
- 껍질을 벗기고 간 신선한 생강 뿌리 1 티스푼
- 강황 ¼티스푼
- 커민 씨 ¼티스푼
- ½ 레몬, 주스
- 장식용 다진 실란트로

지침:

a) 중불에서 수프 냄비를 데우십시오.

b) 야채 육수에 양파와 당근을 10 분 정도 볶습니다.

c) 마늘과 생강, 커민 씨를 팬에 넣습니다. 다른 것을 추가하기 전에 함께 지글지글 끓기 시작할 때까지 1 분 동안 요리합니다.

d) 렌즈 콩, 양배추, 코코넛 밀크, 국물 및 나머지 향신료를 부드럽게 끓인 다음 약한 불로 줄입니다.

e) 렌즈콩이 부드러워지고 양배추가 부드러워질 때까지 저어주면서 최소 15-20 분 동안 요리합니다.

f) 원하는 경우 다진 실란트로와 커민 씨로 장식합니다.

77. 케일을 곁들인 빨간 렌즈콩 달

만든다: 6

재료:

- 빨간 렌틸콩 2 컵
- 무가당 코코넛 밀크 14oz
- 야채 육수 6 큰술
- 1 쿼터 야채 국물
- 다진 마늘 3 쪽
- 얇게 썬 작고 신선한 붉은 고추 2 개
- 강황 가루 1 티스푼
- 회향 씨앗 1 티스푼
- 커민 씨앗 1 티스푼
- 다진 실란트로 줄기 2 큰술
- 반으로 잘라 얇게 썬 양파 2 개
- 줄기와 잎을 굵게 다진 ½파운드 케일
- 잘게 썬 신선한 생강 2 큰술
- 신선한 레몬 주스 1 ½ 티스푼
- 맛에 소금과 후추

지침:

a) 냄비에 야채 국물 1 큰술을 데운 다음 커민, 강황, 회향을 넣습니다. 계속 저어주면서 최소 1 분 동안 조리합니다.

b) 남은 야채 육수 2 큰술을 넣고 저어주고 양파를 6~7 분 동안 또는 부드러워질 때까지 넣습니다.

c) 마늘, 얇게 썬 고추의 절반, 생강을 넣습니다. 1 분 동안 계속 저어가며 요리합니다.

d) 매운 양파 혼합물을 별도의 그릇에 옮기고 따로 보관합니다.

e) 냄비에 야채 국물, 빨간 렌즈콩, 코코넛 밀크, 고수 줄기를 끓입니다.

f) 렌틸콩이 부드러워질 때까지 중불에서 가끔 저어줍니다.

g) 케일이 부드러워질 때까지 요리합니다.

h) 레몬즙을 섞은 다음 소금과 후추로 간을 합니다.

i) dal 을 그릇에 담고 예약된 양파 혼합물과 남은 얇게 썬 고추를 얹습니다.

j) 다진 실란트로와 레몬 조각으로 장식합니다.

78. 콜리플라워 감자 카레

만든다: 5

재료:
- 콜리플라워 작은 꽃 1 파운드
- 노란 양파 1 컵, 작은 주사위
- 작은 입방체로 자른 껍질을 벗기지 않은 감자 4 컵
- 성냥개비 모양으로 자른 당근 1 개
- 14.5oz 몸집이 작은 깍둑썰기한 토마토, 퓨레
- 야채 육수 $\frac{1}{2}$ 컵
- 작은 주사위 모양으로 씨를 제거한 작은 세라노 고추 1 개
- 물 $\frac{1}{2}$ 컵
- 다진마늘 2 큰술
- 신선한 다진 생강 2 작은술

향신료/허브 성분:
- 카레 가루 1 큰술
- 카레 가루 1 티스푼
- 마늘 가루 1 티스푼
- 가람 마살라 1 티스푼
- 양파 가루 1 티스푼
- 말린 다진 양파 플레이크 2 큰술
- 카이엔 고추 $\frac{1}{4}$ 티스푼
- 바다 소금 1 티스푼

다른 재료들
- 냉동 완두콩 1 $\frac{1}{4}$ 컵
- 라이트 코코넛 밀크 1 컵

기타 선택적 성분:

● 찐 현미

● 다진 신선한 실란트로

● WFPB 플랫브레드

지침:

a) 작은 그릇에 허브와 향신료를 넣고 잘 섞습니다. 따로.

b) 냄비에 다진 당근, 양파, 세라노 고추를 넣고 3~5 분 이상 볶습니다. 다음 재료가 부드러워질 때까지 기다린 다음 약간의 물을 추가하여 타는 것을 방지합니다.

c) 생강, 마늘, 향신료/허브 믹스를 추가합니다. 1 분간 볶습니다.

d) 콜리플라워 꽃과 감자를 넣고 1 분 동안 볶습니다. 재료에 양념이 충분히 배도록 계속 저어주세요.

e) 코코넛 밀크와 완두콩을 제외한 나머지 재료를 추가합니다.

f) 열을 높게 설정하십시오. 완료되면 4 분 동안 그대로 둡니다.

g) 천천히 냄비의 압력을 풀고 조심스럽게 냄비 뚜껑을 들어 코코넛 밀크와 완두콩을 넣습니다. 잘 섞이도록 저어주세요.

h) 맛을 본 다음 재료를 추가하거나 줄입니다. 원하는 맛에 따라 원하는 재료를 넣으세요.

i) 실란트로, 플랫 브레드 또는 쌀과 함께 제공하십시오.

79. 콜리플라워 렌즈콩 카레

만든다: 5

재료:

- 콜리플라워 작은 꽃 6 컵
- 야채육수 4 컵
- 마른 빨간 렌즈콩 1 $\frac{1}{2}$ 컵
- 다진 신선한 생강 1 큰술
- 잘게 썬 노란 양파 1 컵
- 강황 가루 1 $\frac{1}{2}$ 티스푼
- 타이 레드 커리 페이스트 3 큰술
- 통조림 코코넛 밀크 1 컵
- 다진마늘 3 쪽
- 움푹 패인 날짜 3 개 잘게 다진
- 가람 마살라 1 티스푼
- 카이엔 고추 $\frac{1}{4}$ 티스푼
- 코셔 소금 3/4 티스푼

지침:

a) 야채 국물을 뿌린 렌즈 콩으로 4 ~ 6 쿼트 슬로우 쿠커를 반쯤 채웁니다.

b) 콜리플라워, 생강, 양파, 마늘, 심황, 커레 페이스트, 가람 마살라, 카이엔 고추, 소금을 넣습니다. 코트를 압히고 국물을 추가하십시오. 잘 저어.

c) 렌즈콩이 부드러워지고 콜리플라워가 부드러워질 때까지 뚜껑을 덮고 센 불에서 4~5 시간 동안 또는 약한 불에서 7~8 시간 동안 요리합니다.

d) 슬로우 쿠커의 뚜껑을 제거하고 끕니다. 코코넛 밀크와 대추를 섞는다.

e) 밥이나 원하는 곡물 위에 얹기 전에 뚜껑을 덮지 않고 10 분 동안 식하십시오.

f) 파슬리와 고수로 장식합니다. 즉시 봉사하십시오.

80. 코코넛 카레 렌틸콩

만든다: 10

재료:

- 갈색 렌즈콩 2 컵
- 14oz 캔 코코넛 밀크, 전지방
- 카레가루 3 큰술
- 마늘 2 쪽
- 노란 양파 1 개
- 15oz 토마토 소스
- 고구마 1 3/4 파운드
- 야채육수 3 컵
- 당근 2 개
- 작은 다진 토마토 15oz
- $\frac{1}{4}$ 티스푼 간 정향
- 서빙을 위해
- $\frac{1}{2}$ 붉은 양파
- 신선한 고수 $\frac{1}{2}$ 단
- 밥 10 컵

지침:

a) 마늘은 다지고 양파는 채썰어주세요. 껍질을 벗긴 당근을 썰고 고구마를 $\frac{1}{4}$ 에서 $\frac{1}{2}$ 인치 입방체로 자릅니다.

b) 슬로우 쿠커에 마늘, 양파, 고구마, 당근, 렌즈콩, 카레 가루, 정향, 잘게 썬 토마토, 토마토 소스, 야채 육수를 넣고 섞습니다. 모든 것을 함께 저어주세요.

c) 슬로우 쿠커 설정을 4 시간 동안 높음으로 설정하거나 7-8 시간 동안 낮음으로 설정합니다. 렌틸콩이 익으면 부드러워지고 대부분의 액체가 흡수됩니다.

d) 렌틸콩과 코코넛 밀크를 믹싱볼에 넣고 섞습니다. 맛에 소금이나 다른 향신료를 조절하십시오.

e) 서빙을 위해 밥 1 컵을 그릇에 담고 렌즈콩 혼합물 1 컵을 넣습니다.

f) 잘게 썬 적양파와 신선한 실란트로를 곁들여 제공합니다.

81. 슬로우 쿠커 콜리플라워 카레

만든다: 6

재료:

- 1 파운드 베이비 포테이토, 크면 반으로 자른 것
- 작은 꽃으로 자른 큰 머리 콜리플라워 1 개
- 2 14 온스 코코넛 밀크 캔
- $\frac{1}{4}$ 컵 타이 레드 커리 페이스트
- 저염 간장 2 큰술
- 저나트륨 채소 육수 2 컵
- 커민 씨 $\frac{1}{2}$ 작은술
- 석류 당밀 1 큰술
- 신선한 시금치 2 컵
- 계피 스틱 1 개
- 코셔 소금과 후추
- 서빙용 신선한 난
- 서빙용 석류 1 개
- 서빙용 찐 쌀, 고수, 라임

지침:

a) 슬로우 쿠커에 코코넛 밀크, 카레 페이스트, 간장, 육수, 당밀을 넣고 섞습니다.

b) 감자, 콜리플라워, 커민, 계피를 넣고 소금과 후추로 간을 합니다.

c) 약한 불에서 최소 5~6 시간, 센 불에서 3~4 시간 동안 조리하세요.

d) 시금치를 넣고 섞은 다음 뚜껑을 덮고 5 분 동안 또는 부드러워질 때까지 요리합니다.

e) 석류 가종, 라임, 실란트로를 얹은 그릇에 카레를 제공합니다. 신선한 난과 함께 드시면 좋습니다.

82. 카레 구운 회향 샐러드

만든다: 4

재료:

- 회향
- 구근 회향 1 개, 잎과 줄기를 제거하고 얇게 썬다
- 야채 육수 1 큰술
- 카레 가루 1 큰술
- 바다 소금 1 꼬집
- 샐러드
- 씨와 꼭지를 제거하고 얇게 썬 빨간 파망 1 개
- 샐러드 케일 5 컵
- 바삭한 병아리콩 1 인분
- 드레싱
- 타히니 $\frac{1}{4}$ 컵
- 다진 마늘 3 쪽
- 사과 사이다 식초 1 $\frac{1}{2}$ 티스푼
- 코코넛 아미노 1 $\frac{1}{2}$ 큰술
- 레몬즙 1 $\frac{1}{2}$ 큰술
- 갓 다진 로즈마리 1 큰술
- 물 8 큰술
- 바다소금 1 꼬집

지침:

a) 회향을 준비하려면 오븐을 375 °F 로 예열하고 베이킹 시트에 놓습니다. 카레 가루, 야채 육수, 소금을 뿌린다. 맛을 결합하고 고르게 배치하기 위해 완전히 던지십시오.

b) 회향을 약 20 분 동안 또는 가장자리가 부드럽고 황금빛 갈색이 되고 약간 바삭해질 때까지 굽습니다. 따로.

c) 믹싱볼이나 블렌더에 모든 재료를 넣고 드레싱을 준비합니다. 혼합하거나 혼합하여 결합하십시오. 원하는 농도를 위해 물을 더 추가합니다.

d) 입맛에 따라 맛을 보고 조절하세요. 상상하게 하려면 마늘을, 톡 쏘는 맛에는 사과 사이다 식초를, 신맛에는 레몬을, 허브 향에는 로즈마리를 추가하세요.

e) 케일(또는 선택한 채소)을 배열하고 붉은 피망, 구운 회향, 병아리콩(선택 사항), 신선한 로즈마리 또는 레몬 조각과 같은 장식을 얹습니다.

f) 옆에 드레싱을 곁들여 드세요.

83. 새우 검보

재료:

- 껍질을 벗긴 중간 새우 1 파운드
- 껍질을 벗기고 뼈를 제거한 닭가슴살 $\frac{1}{2}$ 파운드
- $\frac{1}{2}$ 컵코코넛기름
- 3/4 컵아몬드밀가루
- 다진 양파 2 컵
- 다진 셀러리 1 컵
- 다진 피망 1 컵
- 간 커민 1 티스푼
- 다진 생마늘 1 큰술
- 다진 신선한 타임 1 티스푼
- 고추 $\frac{1}{2}$ 작은술
- 닭육수 6 컵
- 다진 토마토 2 컵
- 얇게 썬 오크라 3 컵
- 다진 신선한 파슬리 $\frac{1}{2}$ 컵
- 월계수 잎 2 장
- 핫소스 1 티스푼

지침:

a)   큰 냄비에 갈색이 될 때까지 고열로 닭고기를 볶습니다. 제거하고 따로 보관하십시오. 양파, 셀러리, 피망을 다져서 따로 보관합니다.

b)   냄비에 기름과 밀가루를 넣습니다. 잘 저어 갈색으로 만들어 루를 만듭니다. 루가 완성되면 다진 야채를 넣습니다. 약한 불에서 10 분간 볶는다.

c)   끊임없이 저어주는 닭고기 국물을 천천히 추가하십시오.

d)   오크라, 새우, 파슬리를 제외한 닭고기와 다른 모든 재료를 추가하면 마지막에 저장됩니다.

e)   30 분 동안 뚜껑을 덮고 약한 불로 끓입니다. 뚜껑을 열고 가끔 저어주면서 30 분 더 익힙니다.

f)   새우, 오크라, 파슬리를 추가합니다. 뚜껑을 덮지 않은 약한 불에서 15 분간 계속 끓입니다.

84. 비건 라이스 수프

만든다: 4

재료:

- 큰 셀러리 줄기 4 개
- 큰 당근 3 개
- 중간 크기 흰 양파 1 개
- 말린 타임 1 티스푼
- 말린 파슬리 1 티스푼
- 마늘 가루 1 티스푼
- 소금 1 티스푼
- 세이지 가루 $\frac{1}{2}$ 작은술
- 코코넛 아미노 1 큰술
- 야채육수 4 컵
- 물 2 컵
- 긴 곡물 흰 쌀 2/3 컵
- 핀토 콩 1 캔(15 온스 캔)

지침:

a)   채소를 한 입 크기로 깍둑썰기하거나 잘게 썬다.

b)   스토브에 큰 냄비를 넣고 중불을 켭니다. 냄비 바닥에 아보카도 오일이나 올리브 오일 스프레이를 뿌립니다. 야채를 추가합니다.

c)   야채를 3~4 분 익혀주세요.

d)   3~4 분 후 향신료, 월계수 잎, 코코넛 아미노를 첨가합니다. 1~2 분 더 저어가며 익힌다.

e)   채소가 익는 동안 쌀을 잘 헹굽니다.

f)   야채 국물 $\frac{1}{2}$컵을 넣고 냄비 바닥/측면을 긁어 바닥에서 갈색 조각을 제거합니다.

g)   냄비에 나머지 국물, 물, 쌀을 넣습니다. 약동하고 덮으십시오. 열을 최고로 올리십시오.

h)   국물이 끓어오르면 약불로 줄이고 15 분간 끓인다.

i)   국물이 끓는 동안 콩을 헹구고 물기를 뺍니다. 그리고 수프에 추가하십시오.

j)   서빙 직전에 월계수 잎을 제거합니다. 뜨겁게 서빙하십시오.

85. 코코넛 베이컨 루벤 샌드위치

샌드위치 4 개 만들기

재료:

- 1 가지 레시피 호밀 플랫브레드
- 좋아하는 치즈 레시피 1 개
- 1 레시피 코코넛 베이컨 가지 베이컨
- 1 가지 레시피 사우전드 아일랜드 드레싱
- 좋아하는 소금에 절인 양배추 1 컵

지침:

a) 4 개의 서빙 접시 각각에 호밀 플랫브레드 한 조각을 놓습니다.

b) 치즈 층으로 펴집니다.

c) 코코넛 베이컨 조각을 얹고 사우전드 아일랜드 드레싱을 뿌립니다.

d) 소금에 절인 양배추와 두 번째 플랫 브레드를 얹고 즉시 제공하십시오.

음료수

86. 호박 파이 스무디

만든다: 2

재료:

- 3/4 컵 100% 호박 퓨레
- 얇게 썰어 얼린 중간 크기 바나나 3 개
- 14oz 라이트 코코넛 밀크, 냉장
- 호박 파이 향신료 1 작은술
- 순수 메이플 시럽 1 큰술
- 순수 바닐라 추출물 $\frac{1}{4}$ 티스푼
- 코코넛 채찍
- 지상 계피

지침:

a) 가벼운 코코넛 밀크 캔을 몇 시간 동안 또는 완전히 차가워질 때까지 냉장 보관합니다.

b) 블렌더 또는 푸드 프로세서에서 냉동 바나나를 혼합하거나 가공합니다. 부서지기 쉬운 바나나 조각이 형성될 때까지 사용합니다.

c) 식힌 코코넛 밀크를 위에 붓고 부드럽고 크리미해질 때까지 혼합합니다.

d) 호박 퓨레, 호박 향신료, 메이플 시럽, 바닐라 추출물을 질감이 부드러워질 때까지 섞습니다.

e) 필요한 인분 수에 따라 컵에 따르십시오. 위에 코코넛 채찍과 계피로 장식합니다.

87. 파인애플 자몽 디톡스 스무디

만든다: 2

재료:

- 다진 얼린 파인애플 1 컵
- 껍질을 벗기고 조각낸 작은 자몽 1 개
- 일반 코코넛 워터 1 컵
- 간 신선한 생강 $\frac{1}{2}$ 작은술
- 포장된 어린 시금치 1 컵
- 얼음 1 컵

지침:

a) 모든 재료를 준비하고 모든 것을 믹서기에 넣습니다.

b) 부드럽고 거품 같은 질감이 될 때까지 파인애플, 자몽, 코코넛 물, 생강, 시금치, 얼음을 섞습니다.

88. 체리 코코넛 스무디

만든다: 2

재료:

- 씨를 제거한 얼린 체리 2 컵
- 코코넛 워터 1 컵
- 신선한 라임 주스 1 큰술

지침:

a) 모든 재료를 믹서기에 넣고 부드러워질 때까지 갈아줍니다.
b) 제공하다

89. 당근 망고 코코넛

재료:

- 큰 강판 당근 1 개
- 얼린 망고 1 컵
- 무가당 코코넛 1-2 큰술 간 것

지침:

a) $\frac{1}{2}$에서 1 컵의 액체와 섞습니다.

b) 즐기다

90. 그린 콜라다 스무디

만든다: 2

재료:

- 냉동 다진 파인애플 1 컵
- 무가당 생 코코넛 조각 3 큰술
- 신선한 라임 주스 1 큰술
- 어린 시금치 잎 1 줌
- 씨를 제거한 대추 3 개(담그고 부드러운 것)
- 물 1 컵
- 얼음 4~5 개

지침:

a) 아이스크림을 제외한 모든 재료를 블렌더에 넣고 부드럽고 크리미해질 때까지 갈아줍니다. 얼음을 넣고 다시 처리하십시오.

b) 얼음처럼 차갑게 마신다.

91. 구기자와 치아 딸기 스무디

만든다: 2

재료:

- 구기자 열매 1 큰술
- 딸기 1 큰술
- 계피 스틱 1 인치 조각
- 치아씨드 2-4 큰술
- 코코넛 오일 1 큰술
- 16 온스 코코넛 물
- 대마 씨앗 1/3 컵
- 2-3 큰 케일 잎
- 냉동 딸기 1 컵
- ½ 얼린 바나나

지침:

a) 구기자 열매, 계피, 치아씨드를 믹서기에 넣고 잘 덮을 수 있도록 코코넛 물을 충분히 넣습니다. 10 분 정도 담가두세요.

남은 코코넛 물과 재료를 블렌더에 넣고 적절한 스무디 설정으로 처리합니다. 원하는 농도를 위해 추가 액체(코코넛 물, 물 또는 견과류 우유)를 추가합니다.

92. 과일 코코넛 스무디

만든다: 4

재료:

- 냉동 블루베리 또는 기타 과일 10 온스 봉지
- 잘 익은 바나나 3 개
- 플레인 요거트 1 컵
- 무가당 코코넛 밀크 1 컵
- 생꿀 1 큰술

지침:

a) 믹서기에 블루베리, 바나나, 요거트, 코코넛 밀크, 꿀을 푸레로 만듭니다.

b) 제공하다.

93. 파인애플 스무디를 곁들인 시금치

만든다: 2

재료:

- ½ 파인애플 신선한 조각으로 잘라
- 오이 1 개
- 코코넛 워터 2/3 컵
- 시금치 2 줌

지침:

a) 모든 재료를 혼합하여 혼합하고 물을 첨가하여 원하는 농도로 만듭니다.

94. 키위 구아바 버스트 스무디

만든다: 2

재료:

- 키위 1 개
- 구아바 1 개
- 코코넛 워터 1 컵
- 민트의 신선한 가지
- 얼음 조각

지침:

a) 키위와 구아바를 작은 조각으로 자르고 모든 재료를 섞습니다.

95. 그린 아보카도 스무디

만든다: 2

재료:

- 코코넛 워터 3/4 컵
- 케일 $\frac{1}{2}$ 컵
- 시금치 $\frac{1}{2}$ 컵
- 아보카도 $\frac{1}{2}$ 개
- 씨 없는 청포도 2 컵
- 배 1 개
- 얼음 4~5 개

지침:

a) 모든 재료를 혼합하여 결합하십시오.

b) 즐기다!

96. 그린 캐슈 스무디

만든다: 2

재료:

- 코코넛 워터 1 컵
- 대추 2~3 개 (담가서 부드럽다)
- 바나나 1 개
- 캐슈 $\frac{1}{2}$ 컵 (부드러울 때까지 담가둡니다)
- 아마씨 1 큰술
- 시금치 한 줌

지침:

a) 코코넛 워터와 캐슈넛을 먼저 섞습니다.

b) 그런 다음 날짜, 시금치, 바나나 및 아마씨를 추가하십시오. 부드러워질 때까지 혼합합니다.

97. 멜론 그린 스무디

만든다: 4

재료:

- 멜론/마스크 멜론 $\frac{1}{2}$컵
- 냉동 파인애플 청크 1 컵
- 다진 민트 $\frac{1}{2}$개
- 오이 $\frac{1}{2}$컵
- 코코넛 워터 $\frac{1}{2}$컵
- $\frac{1}{2}$ 컵 얼음 조각

지침:

a) 이 모든 재료를 믹서기에 넣고 부드러워질 때까지 갈아줍니다. 이것은 매우 좋습니다.

98. 아몬드 코코넛 요거트 그린 스무디

만든다: 4

재료:

- 코코넛 요거트 1 컵
- 시금치 한 줌
- 얇게 썬 아보카도 1 개
- 블루베리, 딸기 또는 라즈베리 1 컵
- 얇게 썬 망고 1 개
- 바다 소금 한 꼬집
- 얼음 5-6 개
- 물 $\frac{1}{2}$ 컵

지침:

a) 모든 재료를 믹서기에 넣고 부드러워질 때까지 갈아줍니다.

b) 필요에 따라 물을 추가합니다.

99. 피나콜라다 그린 스무디

만든다: 2

재료:

- 시금치 잎 2 컵
- 다진 신선한 파인애플 1 컵
- 블루베리 1 컵
- 아마씨 가루 1 큰술
- 코코넛 워터 1 컵(240ml)
- 물 $\frac{1}{2}$컵

지침:

a) 믹서기에 정제수를 제외한 모든 재료를 넣는다.

b) 맛에 물을 추가합니다. 부드러워질 때까지 처리합니다.

100. 블루베리 진저 그린 스무디

만든다: 2

재료:

- 아기 시금치 2 컵
- 블루베리 2 컵
- 잘 익은 바나나 1 개
- 씻어서 잘게 썬 생강 뿌리 1 덩어리
- 유기농 코코넛 워터 2 컵
- 물 $\frac{1}{2}$ 컵

지침:

a) 모든 재료를 믹서기에 넣습니다.
b) 원하는 농도로 물을 추가합니다.
c) 부드러워질 때까지 처리합니다.